Espíritu Amatista

Guía para despertar tu poder interno

Itzia Corzo

Espíritu

Amatista

Guía para despertar tu poder interno

Itzia Corzo

Créditos

Espíritu Amatista. Guía para despertar tu poder interno
Itzia Corzo

Cordillera del Márquez 541, int. 2, Lomas cuarta sección

C.P. 78216, S.L.P., México.

Primera edición en formato digital (PDF y EPUB): enero de 2024
ISBN: 978-607-29-5072-6
Primera edición en formato impreso: marzo de 2024
ISBN: 979-822-45-6921-2
Cuidado editorial e imagen de portada: Mtra. Sandra Heiras Garibay
Diseño digital y Formación: Elizabeth Zúñiga Sandoval

Para ponerte en contacto con Itzia Corzo
correo electrónico: contacto@espirituamatista.com
página web: www.espirituamatista.com
Síguela en redes sociales

 Tribu Espíritu Amatista

 @espirituamatistaelpodcast

 Espíritu Amatista

 TikTok @espiritu_amatista

A mi compañero de vida *Luis*
y para nuestros tres hijos
Itzia, Luis Emiliano e *Ivanna*

Acerca de la autora

Itzia Corzo Torres es abogada de profesión con maestría en derechos humanos y cocreadora de *Espíritu Amatista*, un podcast de entrevistas y un blog semanal sobre herramientas para el desarrollo personal y el bienestar.

"Creo en la importancia del desarrollo personal y he aprendido a ver la vida de forma holística. Todos los seres estamos interconectados con el Universo y podemos incorporar el conocimiento o la experiencia de un área a otra".

Agradecimientos

A Luis mi esposo por acompañarme en este camino, por los milagros, el gozo y el amor a la vida que experimento a su lado.

A mis hijos Itzia, Luis Emiliano e Ivanna, por ser mis maestros e inspiración para lograr crear la magia en mi vida.

A mi padre, madre, hermanas y hermano, porque hoy soy lo que soy gracias a su apoyo y amor.

A mi amiga Anastacia y su familia, con quienes he tenido la fortuna de sostener conversaciones enriquecedoras y de compartir tantos momentos.

A mi editora Sandra, que me infundió confianza a lo largo de este proyecto, la fluidez de este libro es gracias a ella.

A Dios, padre y madre, por estar a mi lado, por acercarme guías, maestras, maestros y todo lo necesario para que pudiera ver las barreras que yo misma creaba en mi vida y brindarme inspiración, disciplina y fortaleza para despertar mi poder interno; gracias a todas esas experiencias ahora puedo ofrecerte a ti este libro.

A ti que has adquirido este ejemplar y te has tomado el tiempo para incorporar su lectura, espero que contribuya a tu bienestar y que descubras tu poder interno y crees la magia en tu vida.

CONTENIDO

CRÉDITOS   4

DEDICATORIA   5

ACERCA DE la AUTORA   6

AgRADECIMIENTOS   7

INTRODUCCIÓN   15

LAS REGlAS DEl JUEGO   27

    PRIMERA LEY. MENTALISMO

    SEgundA LEY. CORRESPONDENCIA

    TERCERA LEY. VIBRACIÓN

    CUARTA LEY. POLARIdAd

    QUINTA LEY. RITMO

    SEXTA LEY. CAUSA Y EFECTO

    SÉPTIMA LEY. GENERACIÓN

    ¿Por qué nos asusta experimentar dolor?

EL CONflICTO Y la TRANSfORMACIÓN   57

    ¿Qué REVELA LA HERIdA EMOCIONAL dE Mí?

    Lo buENO ES QUE YA SAbES LO QUE NO TE gUSTA

    ATrévETE A VERTE AL ESPEjO Y dECIRTE "ME AMO"

SUElTA El PERfECCIONISMO   73

    ApRENdE A MATERNARTE

    CELEbREMOS dIARIAMENTE EL AMOR Y LA AMISTAd

TODO CAMBIA. TÚ ESTÁS CAMBIANDO   86

   LAS EMOCIONES SON SEÑALES

   EL VIAJE DEL HÉROE, CICLOS QUE SE REPITEN

¿YO TENGO EL PODER?   107

   RESILIENCIA EN TIEMPOS DE ADVERSIDAD

SOY LO QUE ELIJO SER   117

ATRÉVETE A RENACER   119

   CONSCIENTEMENTE ELEVA TU VIBRACIÓN. AUMENTA
   LA SEÑAL QUE ENVÍAS AL UNIVERSO.

   LA PRÁCTICA DEL AGRADECIMIENTO

YO SOY PROSPERIDAD   136

INTUICIÓN MI GUÍA PERSONAL   151

   LO QUE TE AFECTA A TI ME AFECTA A MÍ

CAMBIO YO Y CAMBIA MI MUNDO   155

ELIGE TU PROPIA RUTA   157

DISEÑA TU VIDA   160

DE LA PLANEACIÓN A LA ACCIÓN   165

SI LO CREES, LO ATRAES   172

REINVÉNTATE AL UTILIZAR
ENCANTAMIENTOS   175

¿POR QUÉ NO ME FUNCIONA
LA LEY DE ATRACCIÓN?   178

AUMENTA TU PODER INTERNO   183

¿TIENES MIEDO AL ÉXITO?   190

     CONOCE MÁS SOBRE LA LEY DE ATRACCIÓN

     REAPRENDER A DAR Y A RECIBIR

APRENDE DEL FRACASO   200

     VUELVE A JUGAR

ESPÍRITU AMATISTA, EL PODCAST   206

     TEMPORADA 1

Programa 2. "La práctica de Mindfulness"
con Coco Zavala   207

Programa 3. "Maestro de energía universal"
con Omar Josué Zavala Flores   208

Programa 4. "¿Qué es la angeloterapia?"
con Ana Carolina Islas   208

Programa 5. "La epigenética ha descubierto que
heredamos conductas"
con Mariana Salgado Bustamante   209

Programa 6. "La importancia de escuchar tu voz interior y aprender a pensar" con Patricia Mendizabal Acebo 210

Programa 7. "Los Niños tienen derecho de saber, conocer y comparar la riqueza espiritual que nos rodea" con Pelusa Ávila   211

Programa 8. "Sueños lúcidos y otras herramientas de empoderamiento" con Daniel Méndez Antillón   212

Programa 9. "El crecimiento personal. La pasión que impulsa relaciones sanas a nivel personal y profesional" con Mariana Holanda y Antonio Galván   213

Programa 10. "Retos en tiempo de cuarentena" con Anastacia e Itzia   215

Programa 11. "Sanando a la mujer. El sagrado masculino y femenino" con Isis Escobedo   215

Programa 12. "Semiología de la vida cotidiana. Resignificar las creencias y emociones" con Paty Reyes   216

Programa 13. "Sanando a través de los espacios" con Anastacia Macías   217

TEMPORADA 2

Programa 1. "¿Qué nos impide elegir ser algo más?"
con Oli Morales   218

Programa 2. "Escuchando al corazón"
con Claudia Paz   219

Programa 3. "Los animales piensan, deciden, se divierten
y sienten" con Gabriela J Constatino Corzo   220

Programa 4. "Una visión desde la Gestalt a El Camino
del Guerrero" con Alma Rosa Almaguer, María Eugenia
González Gutiérrez y María Elena Silva García   221

Programa 5. "Casa Itztochtli, espacio para sanación"
con Ale Zúñiga y Silvia Chávez   223

Programa 6. "La espiritualidad en las mascotas"
con Iván Murillo   224

Programa 7. "Escuchar al cuerpo y comprender los procesos
mentales" con Jocelyn Zarzosa Garza   226

Programa 8. "Amae, el cuidado de cuerpo mente y
espiritu"   227

Programa 9. "Diseño y lo manifiesto, hablando
un poco de la ley de atracción"   229

Programa 10. "¿Qué son las constelaciones familiares?" con Bekka Manila   229

Programa 11. "Herramientas para el autoconocimiento" con Inés Martí   231

Programa 12. "Se la mejor versión de ti mismo(a)"
con Rubén Hernández Castrejón   233

Programa 13. "Limitaciones mentales, amor propio
y expansión" con Dariela Tavarez   235

Testimonios del curso "Cambiando mi mundo"
                                                 238

Taller Prosperidad   241

Mi nombre es Itzia y al igual que tú soy una mujer con muchos roles: soy esposa, madre de dos hijas y un hijo, abogada y emprendedora. Hoy me dirijo a ti por medio de este libro que reúne mis experiencias y las ideas que han tenido un impacto positivo en mi vida, pues lo que busco con él es regalarte una herramienta que a mí me hubiera gustado tener.

Hace aproximadamente diez años mi vida transitaba por emociones como la tristeza y el enojo, aunque también conocí la frustración, la ansiedad, la depresión, el estrés y veía la vida en un ciclo que se repetía una y otra vez sin esperanza. En ese entonces cuando regresaba de mi jornada laboral aún debía cuidar a mis dos hijos pequeños y estaba anclada en una percepción de escasez y sufrimiento. Por ejemplo, mi manera de administrar las finanzas consistía simplemente en apuntar en una libreta absolutamente todo de forma rigurosa y constantemente verificaba mis ingresos y egresos. Cuando tenía que pagar algo sentía carencia, miedo y me negaba a cualquier posibilidad de gozo en mi vida pues debía satisfacer, en primer lugar, las necesidades de mis hijos. En realidad lo que hacía era darle a mi familia el mismo "amor" que me daba a mí misma. Dejé en segundo plano mi cuidado personal. Vivía la vida que me "había tocado, lloraba por las noches y me sentía sola, agotada y exhausta. Mi cuerpo comenzaba a gritar lo que yo callaba y fue el mismo doctor que me atendía quien me animó a intentar algo distinto: "Itzia, no puedes continuar viviendo así, ¿por qué no intentas la meditación?", me dijo.

En aquel momento el internet apenas comenzaba y el acceso a meditaciones guiadas no estaba tan fácil como lo es hoy. Sin embargo, comencé a escuchar a Deepak Chopra y a Oprah Winfrey ellos ofrecían de forma gratuita retos de 21 días. Así comencé a escuchar conceptos que yo no comprendía como el milagro del ser, el amor, el espíritu, la apreciación, la Ley de Atracción y otros. Para mí fue muy difícil creer que eso que me decían era posible y la mayoría de las veces me dormía durante las meditaciones pero, al recobrar la consciencia, sólo sabía que me sentía mejor y ahí comenzó mi curiosidad por aprender más.

Profesionalmente tuve la oportunidad de realizar estudios de género lo que me dio las herramientas para analizar diversas situaciones desde esa perspectiva. Fui miembro del Consejo Consultivo y Social de la Instancia de la Mujer en mi entidad. Más adelante inicié una maestría en derechos humanos y, cuando comencé a tener contacto con diversas formas de ver el mismo fenómeno y las voces que escribían para visibilizar los privilegios que el sistema daba a muy pocos, me cuestionaba: ¿qué es lo que había formado a estas personas? Inclusive comencé a estudiar algunas teorías feministas, había muchas corrientes, entre más aprendía más deseaba poder comprender ¿desde dónde se postulaban y por qué eran tan diversas?

La vida me regaló la oportunidad de conocer a mi gran amiga y maestra Anastacia. Cuando terminé mi maestría ella me invitó a un grupo de estudio que tenía su familia. Su invitación prometía que entendería que había otra forma de vivir la vida y lo que me regaló fue que me presentó las Siete Leyes del Kybalion, la Cábala,[1] el árbol de la vida[2] y la magia.[3]

---

1 Sabiduría antigua que muestra cómo funciona el Universo y la vida. La palabra se traduce como "recibir".

2 Uno de los más importantes símbolos cabalísticos que permiten comprender la creación.

3 Como producción de un efecto deseado a través de habilidades, poderes y facultades por medio de la intención del mago o la maga.

La disciplina adquirida en la maestría me impulsó a llevar un cuaderno de notas en el que escribía resúmenes de conceptos, frases e ideas de diversos autores y los temas vistos en clase. En aquel círculo de estudio había tolerancia por las distintas formas de buscar la espiritualidad y apertura por otras prácticas como las de los pueblos indígenas. Después con Anastacia tuve la oportunidad de guiar a dos conjuntos de niños y niñas en el conocimiento de las Siete Leyes.

Cuando inicié en el grupo la inversión de pagar por la clase era un verdadero lujo para mí. No obstante, a medida que transcurría el tiempo se me facilitaba poder hacerlo y lo hacía con gusto. Era un bálsamo para mi alma recibir ese saber y encontrar personas interesadas en conocer aquello que tanto me entusiasmaba. Mientras estudiaba comencé a conocerme, amarme a mí misma y a vivir otras emociones como la esperanza, la alegría y el amor. En mi interior había mucho lodo que se había ya secado y tenía que romperse.

Las Siete Leyes del Kybalion o Principios herméticos me brindaron una visión distinta del mundo. Pude reconocer que muchos de los autores que yo había leído en mi formación académica tenían otro tipo de conocimiento y, desde esa forma de explicar el mundo, hacían postulados más humanos. En ese momento yo dudaba en arriesgarme a vivir algo distinto tenía vergüenza y miedo de no poder afrontar un nuevo reto. Desde mis creencias de escasez me adecuaba al espacio físico en el que mi familia y yo vivíamos. Yo insistía en modificar, crear y buscar soluciones para adecuarnos a ese espacio sin aspirar a un lugar más grande en el cual podríamos vivir más cómodos pero, al conocer el Principio de correspondencia, "Como es adentro es afuera", pude cambiar mi percepción o mi visión.

A lo largo de estos años viví grandes crisis, el primer milagro que experimenté fue después de un proceso donde se colapsó mi vida laboral lo que a su vez trajo una nueva fuente de trabajo y nuevos ingresos. Lo que no había logrado en más de una década sucedió cuando yo cambié intencionalmente mi percepción e incorporé el agradecimiento hasta en las situaciones más adversas.

Nuevamente me convertí en madre pero ahora yo tenía otro conocimiento, durante la gestación acudí a terapia de cuencos o sonoterapia y era maravilloso percibir cómo mi bebé recibía en mi vientre esta experiencia. Mi parto estaba programado para ser cesárea porque mi hija no se había colocado y estaba de nalgas, yo no lo sabía en ese momento pero ella tenía otros planes. Un día antes de la cesárea mi parto comenzó, fue la única vez que rompí fuente y cuando llegué al hospital ya estaba completamente dilatada. Mi ginecólogo no pudo estar presente así que mi confianza la deposité por completo en el pediatra que había recibido a mis otros dos hijos y que preparó todo. Iba a dar a luz a mi bebé sin anestesia porque ya no era posible ni segura una cesárea. Durante el parto comencé a meditar y sólo era interrumpida por las preguntas de algún médico que, supongo, estaba asustado por mi aparente estado de inconsciencia. Mi bebé nació bien, dormida, tranquila y con una gran paz.

En una ocasión cuando regresaba a casa de mi jornada laboral, en uno de los municipios cercanos, la carretera estaba muy cargada y el tráfico demasiado lento debido a unas calderas que trasladaban de San Luis a Querétaro. Es un trayecto que normalmente me llevaba una hora esa vez me tomó varias y mi nivel de gasolina era muy bajo, no podía tomar una salida para pasar a una gasolinera, sin embargo, con toda mi fe y la certeza de que los milagros son posibles pedí el apoyo y logré que esa reserva de gasolina durara lo que nunca imaginé que podía durar y llegué a tiempo para reabastecer el combustible.

En otra ocasión me encontraba en un alto y el semáforo cambió a verde, escuché en mi interior una voz que me pedía reducir la velocidad y por mi izquierda pasó un vehículo que siguió de frente. Si no hubiera disminuido mi velocidad hubiera recibido el impacto del lado del conductor, por fortuna sólo tocó mi espejo retrovisor.

Conforme estudiaba sentía más mi energía y los cambios en la casa también sucedían, el dinero rendía más, era el mismo monto pero lograba satisfacer más necesidades. Comencé a tener mejores herramientas para hacerme cargo de la tristeza, la vergüenza, el enojo y la ira que tenía. La depresión y los problemas de salud habían quedado atrás. Entonces surgió en mí la idea de desarrollar más mi espiritualidad y compartir con otros los procesos y los recursos que cambiaban y mejoraban mi vida. Mi idea resonó en Anastacia y juntas creamos el concepto de *Espíritu Amatista* el podcast. Un programa de entrevistas donde creamos un espacio para dialogar sobre hábitos, prácticas, distintas maneras de pensar, todo en busca de la felicidad y de descubrir mejores formas de vivir la vida. Ambas deseábamos ofrecer nuestras experiencias y conformar una comunidad que tuviera los mismos intereses. Todo ello a partir de la vulnerabilidad de exponer nuestras ideas en diversas plataformas y compartir el hecho de que nuestras vidas eran perfectamente imperfectas.

Tan imperfecta era mi vida que poco tiempo después de haber grabado el segundo o tercer programa atravesé por otra crisis aún más profunda que la anterior. En esta ocasión hasta solté el espacio en el que habitaba, inclusive aquellos muebles que consideraba indispensables pero que a la vez me hacían revivir momentos difíciles. Fue un proceso de años, pero en su mayor intensidad perdí cerca de 10 kilos de peso en tres meses. Tal vez no suene mucho pero la mayoría de las personas me considera delgada y a mis 40 años pesaba casi lo mismo que cuando tenía 21. Este proceso fue una verdadera muerte para mi personalidad en muchos sentidos y, para fluir con lo que la vida me presentaba sin expectativas, solté el control de todas las estructuras. En todo el caos emocional por el que pasaba, yo podía ver cómo Dios, padre y madre, estaban ahí y me acompañaban pero, aún así, el proyecto de *Espíritu Amatista* el podcast enfrentaba sus propios retos: no sabíamos cómo editar, subir a una plataforma y deseábamos hacerlo con la mejor calidad y de la mejor manera, así que decidimos hacer una pausa.

Durante este proceso de crisis y profunda transformación sufrí fuertes ataques de ansiedad. Muchas veces detonaban como resultado de escuchar una música, un nombre o pasar cerca de algún lugar. Algunas veces me levantaba por las mañanas después de la meditación y, antes de que mis hijos se despertaran, yo me ponía a practicar Hatha yoga, en ocasiones sólo podía hacer la postura del gato, del niño o recostarme sobre el suelo para sentir cómo me sostenía el Universo. Mis heridas estaban expuestas y yo tenía que sanar mucho. Sin embargo, durante esos momentos de tensión recibí grandes muestras de apoyo, solidaridad y comprensión. El amor que me rodeaba me permitía transitar el día. Volví a reconocer y a experimentar milagros y pude aceptar que, aún en la tormenta, yo tenía un paraguas que me brindaba protección. Comencé a realizar terapias alternativas en mí misma y en mi familia que nos traían beneficios como las sesiones de imanes y las Barras de Access Consciousness.

Poco a poco la crisis cedía y, con cada terreno ganado, se abría la oportunidad para reconstruir, pude percatarme de la importancia de elegir los valores para generar la estructura en mi vida y en la de mi familia. Hace tiempo leí la frase "Cuando sientes que las palabras te ahogan es porque llegó el momento de decirlas" así que comencé a escribir mientras me enfocaba en mi experiencia. Tomé el diseño de mi camino de forma profesional en varias áreas como la salud, las finanzas, las relaciones y la espiritualidad. Realicé mi primer plan de vida y lo proyecté a cinco años, elegí detalladamente los valores, los hábitos y la visión en cada aspecto, además elegí plenamente vivir la espiritualidad en cada área o aspecto. Presté atención a introducir el lujo en mi vida, para mí ese privilegio puede ser secar mi cuerpo con una toalla cómoda y afelpada o vivir momentos de calidad. Soñé con tener un altar en mi recámara e introducir mis cuarzos, mi cuenco y todo lo que era importante para mí. Antes sufría ataques de ansiedad cada que revisaba temas financieros, así que lo cambié por escoger un momento adecuado para prender el difusor de olores con algún aceite esencial de naranja y poner música relajante en alguna de las frecuencias *Solfeggio* cada vez que tenía reuniones ejecutivas con mi esposo.

Hoy tengo la fortuna de contar con un hombre a mi lado al que los cambios en mí lo inspiraron para abrirse a este conocimiento y a una forma distinta de hacer las cosas. Él también comenzó a leer, acudió al curso con Anastacia y adoptó la práctica de los conceptos aprendidos, así que cuando llegó el momento de diseñar una nueva vida decidimos incorporar nueva información respecto al dar y recibir. Confiamos en aplicar los conceptos desde la espiritualidad aunque la razón no los comprendía, por ejemplo, en mi casa coloqué frases y afirmaciones en el refrigerador y en los apagadores de los cuartos para recordar la importancia de tener una actitud positiva. También coloqué imágenes que nos recordaran meditar y hacer el sonido Om en el baño y en el cuarto de lavado para tener presente la importancia de armonizar y sentir la vibración. Incluí la geometría sagrada como patrones de la flor de la vida en las colchas, en las paredes o en separadores de ambientes. Incluí cuarzos en varias habitaciones y el jardín cobró especial importancia para nosotros.

Espíritu Amatista el podcast también comenzó a crecer mientras reconocía el valor de las entrevistas que generosamente nos brindaron nuestros invitados pues me habían ayudado en el proceso. Deseaba honrarles. Entonces nos percatamos de que la perfección que buscábamos en el proyecto nos impedía avanzar y decidimos abrazarla y reconocer nuestras limitaciones técnicas para poder cumplir con nuestro objetivo. El 11 de julio de 2018 publicamos el primer programa y abrimos la página de Facebook. Hoy el podcast se encuentra en diversas plataformas como Spotify, iTunes y Libsyn y a la fecha contamos con 26 programas y dos temporadas, en Facebook tenemos 1,217 seguidores, 149 seguidores en Instagram y en Tik tok 117. Cada una de esas conversaciones sembró en mí una semilla y una gran lección. Cada uno de los encuentros con distintas personas tienen puntos en común y es que todas ellas iniciaron su búsqueda de autoconocimiento y espiritualidad después de una gran crisis. La mayoría poseía rituales o hábitos que hacía con gran disciplina, muchas de ellas usaban el tiempo para meditar por la mañana, durante la ducha, en los trayectos al trabajo o antes de dormir, escuchar música, afirmaciones, leer libros de desarrollo personal o escribir diarios. Otras utilizan formas de protección, por ejemplo, vestir intencionalmente con ciertos colores, portar escudos de energía, usar símbolos, piedras o cuarzos, objetos de geometría sagrada, talismanes y proteger el ombligo. El ombligo está conectado con muchos centros energéticos y está ubicado en el plexo solar (si estás en presencia de una persona con energía densa o pesada simplemente cubrirlo con tu mano de forma intencionada puede servir).

En 2019 comencé a escribir semanalmente en el blog www.espirituamatista.com. Cada semana comparto mis ideas sobre un tema y lo que más me causa impacto de mis lecturas. A veces utilizo algo que me inspiró durante la semana o pongo mi intención y abro al azar un par de libros de mis autores favoritos. Increíblemente, las páginas que encuentro siempre guardan una conexión. Antes de escribir procuro hacer alguna meditación o pido la presencia del arcángel Gabriel, utilizo inciensos o música de alguna frecuencia *Solfeggio*. El blog se enfoca en temas relacionados con: sanación, intuición, creación y vibración, ahora hay además una página dedicada a los cristales que incluye una meditación guiada para conectar con ellos. De igual forma se encuentra el curso completo de las Siete Leyes del Kybalion impartido por Anastacia y por mí en siete módulos, cada módulo comprende una ley y tiene una clase de video grabada, meditaciones, ejercicios prácticos acorde a la temática, lecturas y la incorporación de aspectos científicos para facilitar la comprensión, detonar la reflexión y apoyar a la transformación de quien lo recibe. En conjunto suman más de nueve horas de clases grabadas además del material extra.

Este curso es el resultado de años de experiencia, de entusiasmo por ofrecer herramientas que se puedan aplicar en el día a día. Todo ello Anastacia y yo lo hemos visto funcionar en nuestras vidas y en las de las personas que toman el curso, además lo realizamos de manera virtual durante la pandemia. Quisiera decirte que todas las personas que se inscriben logran grandes cambios en su vida pero te estaría mintiendo, sin embargo, algunas de ellas después de tomarlo, nos comentan que entienden la vida de otra forma. Otras muestran interés por conocer más, por llevar a la práctica lo aprendido y, gracias a su disciplina, logran milagros. Hemos podido ver la transformación de quienes con persistencia y disciplina suman a su intención nuevos hábitos, siempre nos emocionan y sorprenden las historias de transformación que amablemente nos comparten.

En 2019 reconocí que el área de las finanzas y mi relación con el dinero necesitaban ser sanadas, también en ese año tomé la decisión de invertir en dos cursos, el primero de sueños lúcidos y el segundo un taller de prosperidad que brindaba Daniel Méndez Antillón.[4] Él tuvo la generosidad de brindarnos una entrevista para el podcast, no era el primer abogado que encontraba en estos temas pero sí era el primero que había integrado el área espiritual y profesional, esta integración de los dos aspectos y su disciplina causaron un gran impacto en mí. Un año después del curso de prosperidad le escribí asombrada para contarle cómo había recibido una suma considerable de dinero por concepto de devolución de impuestos ese año, era un dinero que no esperaba, eso me inspiró a continuar mi búsqueda de información y a leer a autores que me ayudaran a adquirir creencias más benéficas respecto al dinero.

Mi curiosidad me ha llevado a explorar diferentes temas: los celtas, los druidas, los cátaros y las culturas ancestrales me resultan muy atractivas. Poco después de haber leído *El último hereje* del escritor Jesús Ávila Granados y el libro de *Priestess of Avalon* de las autoras Marion Zimmer Bradley y Diana L. Paxson comencé a notar que sentía un cosquilleo y un calor en mis manos. Mi mente racional no podía creer que eso era percibir la energía. Entonces quise conocer más y tomé un curso como practicante de Barras que es una técnica de Access Consciousness[5] y confirmé que sí podía sentir la energía. Así que me animé a tomar un curso más en línea *Duality* de Jeffrey Allen en el que comparte su conocimiento, sabiduría y experiencia para sanar con energía.

Ahora doy varias sesiones de Barras, uno de los resultados más impresionantes fue con una mujer que se separó de

---

4 Es autor del libro *El poder del equilibrio*, por medio de doce capítulos aborda diversos temas acerca de cómo encontrar el equilibrio y la forma de integrar los opuestos que te permitan acceder a otro estado de consciencia y obtener lo que deseas en la vida. También es autor de *El viaje del héroe* que se basa en la sabiduría ancestral.

5 Técnica introducida por Gary Douglas que consiste en colocar los dedos de las manos en varias partes de la cabeza y que corresponden a diversas áreas o aspectos.

su pareja de forma consciente, después de años de intentos y peleas y no sólo logró la separación sino que además recibió un gran regalo de su ex pareja.

El año pasado, después de recuperarme del COVID-19, tuve la necesidad de compartir, mediante un taller, lo que yo había aprendido acerca de la prosperidad y la energía. Es que cada vez que compartes la información y buscas acercarla a las personas te ves obligada a interiorizarla y a profundizar más en ella.[6] Poco después de tomar la formación de Mujer Medicina, junto con mi gran amiga Anastacia, tomamos un curso ofrecido por Josefina Merlo, sacerdotisa de la Sagrada Tradición Andina y una amiga me pidió sahumar una propiedad que tenía a la venta. Lo hicimos y, mientras recorríamos las habitaciones con el sahumerio y el copal, pudimos percibir las emociones que estaban ahí guardadas y las transmutamos en amor y consciencia. Incluso pudimos bendecir y llenar ese espacio de energía intencionada para recibir a la familia para la cual fue diseñado. Mi amiga me comentó que en pocas semanas se notó el cambio en las visitas que mostraban interés y que ya tenía ofertas serias para comprar la propiedad.

De esta forma, poco a poco, se han sanado mis heridas, me he encontrado conmigo y con lo que decido ser. Con frecuencia lloré y aún lloro de la felicidad y gratitud de poder vivir experiencias que jamás imaginé posibles. Hoy puedo ver mi historia y reconocer el dolor que experimenté aunque rara vez padezco sufrimiento. Las Siete Leyes del Kybalion son frases sencillas que reúnen una gran sabiduría. Cada que las leo o me preparo para dar un curso logro entender algo nuevo. Cada evento en mi vida me ofrece la oportunidad de revisarlas y asimilarlas. Alguna vez escuché que para aprender un segundo idioma se crean conexiones neuronales que son de

---

6 Al leer este libro te invito a que pongas en práctica y descubras por ti misma(o). El conocimiento y la experimentación generan sabiduría, ese mérito es tuyo.

gran utilidad. Hoy considero que conocer las Siete Leyes del Kybalion o Principios herméticos te ofrece la oportunidad de aproximarte a distintas formas de vivir la espiritualidad, es como si cada cultura o práctica observara un aspecto del todo. Cada una de ellas se complementan entre sí y poseen un conocimiento valioso. En mi opinión, las Siete Leyes del Kybalion son como el curso introductorio 101 o ABC que permite entender y ver semejanzas más que diferencias.

Actualmente Espíritu Amatista se ha diversificado con Theia, que en la mitología griega era una titánide relacionada con la luz, la luminosidad del cielo. Theia es conocida como la Diosa del brillo en general. En mi página www.espiritua-matista.com puedes conocer cómo utilizar las piezas de joyería, accesorios y productos de la reconocida marca NICE para conectar con tu poder interno.

Me gustaría inspirarte a ver que tu vida puede ser mucho más ligera, llena de gozo y alegría cuando te permites ver las posibilidades desde otros puntos de vista. Espero que, tras leer este libro, te des la oportunidad de dejar de defender creencias que has adquirido consciente o inconscientemente y que te permitas explorar aquellas ideas que antes juzgabas, negabas o rechazabas. Después de leer esta información te animo a experimentarla para que obtengas tu propio aprendizaje. El conocimiento y la sabiduría sumados a tu trabajo y disciplina son los que harán posibles los milagros.

Por último quisiera invitarte a que acompañes tu lectura con alguna frecuencia de *Solfeggio*, así podrás conectarte más con ese ser tan valioso que eres para el Universo. Bienvenido al juego de tu vida.

Las reglas del juego

Para jugar el juego de la vida requerimos saber sus reglas y hay un conocimiento, una sabiduría, que se encuentra en la cosmovisión de los pueblos originarios y las culturas antiguas. El Kybalion contiene dicha sabiduría es un texto que concentra la filosofía hermética. Se desconoce su autoría pero el aprendizaje que encierra es de gran valor pues nos ayuda a comprender las leyes por las que se rige el Universo.

Este conocimiento permaneció oculto, se transmitía en secrecía principalmente entre grupos de hombres. Los principios o leyes que contiene el Kybalión concentran la sabiduría que necesitas para transformar tu manera de ver el mundo, para que trasciendas las emociones y descubras el poder que posees en tu interior.

El Kybalión consta de 7 grandes leyes o principios que se estudian por separado para hacer más simple el análisis, pero cada una de ellas se encuentra intrínsecamente relacionada con las demás. Las leyes se pueden comprender a niveles más profundos si se entiende que todas están conectadas y no aisladas.

Me parece fascinante cómo la ciencia, en particular la física cuántica, cierra la brecha entre lo que se considera que es la realidad. Existen distintos documentales y videos que explican cómo funcionan las partículas más pequeñas. Ahora la ciencia analiza la energía, la vibración y se cuestiona sobre lo que llamamos realidad. Escuchamos que hablan de la existencia de multiversos y de muchos otros conceptos que se asemejan, en gran medida, a lo que ya se sabía en la Antigüedad.

Las circunstancias que vivimos a veces no son las que planeamos o deseamos. Algunas personas prefieren negarlas, otras sólo ven lo negativo en ellas, pero en ambos casos generan estrés. A cada persona le estresan cosas distintas y en grados diferentes porque nuestra tolerancia está relacionada con nuestra historia, la forma en que percibimos la situación y nuestras creencias. Aunque todo comienza con nosotros mismos, nosotros somos quienes atraemos el problema o la circunstancia para adquirir algo de él y, para cambiarlo, hay que transmutarlo. Las Siete Leyes contenidas en el Kybalion ofrecen las reglas de la vida y en este capítulo las separo para su estudio, sin embargo, en tu día a día una misma situación puede ser vista desde diferentes leyes. Por ejemplo, la mente crea el pensamiento y la palabra se vuelve vibración.

Primera ley. Mentalismo

"Todo es mente, el universo es mental"

El Kybalion explica que la primera ley consiste en comprender que todo es mente. Cuando comprendes que las circunstancias que vives son producto de tus creencias y de tus hábitos dejas de sentirte víctima, dejas de culpar a los demás, a tu pasado, a los genes y a todo lo que no puedes controlar. Si eliges ver el mundo desde la creencia de que no tienes control de nada te puedes sentir como una hoja que el viento puede llevar a donde quiera.

Nuestra mente, en términos simples, se compone de cerebro izquierdo, derecho y subconsciente. Por eso, algunas veces no basta con afirmar que nos va a ir bien o que lograremos tal o cual resultado, a veces lo que decimos no se encuentra acompañado de emoción, puede ser que no nos apasiona ni inspira o porque nuestro subconsciente nos traiciona de forma silenciosa con viejos patrones, ideas y creencias que originan hábitos muy arraigados. Por eso es importante tener claro el deseo de alcanzar cierta meta, así el sentimiento se convierte en tu aliado y es el impulso para que puedas realizar las acciones necesarias y no te desvíes de tu objetivo.

El lado izquierdo del cerebro es el lógico, analítico y planificador, es aquel que analiza el escenario, calcula ventajas y desventajas y toma la decisión con base en el análisis. Se centra en el ego y cuando está fuera de control corremos el riesgo de pensar que nuestros logros sólo dependen de nosotros y a un nivel muy profundo experimentamos terror a perder aquello con lo que nos identificamos: un trabajo, una carrera, un puesto, un título, etcétera. Debido a que nosotros nos convertimos en nuestro propio Dios, olvidamos que todo lo que tenemos nos lo dio un poder mayor, Dios padre-madre, el Universo o como tú desees nombrarle.

Mientras que el lado derecho es creativo, emocional e intuitivo, es la corazonada que te dice qué camino es mejor sin importar lo que indiquen los datos. Es esa voz interior que te alerta ante una situación, la voz que te pide seguir cierto camino que te apasiona de una forma distinta. Cuando escuchamos a nuestra intuición experimentamos una paz de poder hacer aquello que nos encanta porque sentimos que contribuimos a un plan mayor y que, de alguna u otra forma, todo se resolverá si ponemos de nuestra parte.

Mahatma Gandhi, decía: "Cuida tus pensamientos porque se convertirán en tus palabras. Cuida tus palabras porque se convertirán en tus actos. Cuida tus actos porque se convertirán en tus hábitos. Cuida tus hábitos porque se convertirán en tu destino".

Tú eres el arquitecto de tu destino si tomas el control de tus pensamientos, depuras y eliges con cuidado las ideas con las que quieres construir tu realidad. Pero para ello debes hacerte consciente de cómo tomas tus decisiones, de las aportaciones de los dos hemisferios cerebrales, así como del subconsciente. De lo que se trata es de aprender a controlar el diálogo interior, de saber que esa voz que surge y que trata de hacerte creer que no eres lo suficiente, que no vales, que tu tiempo ya pasó, que te compara y que resalta tus errores para atormentarte, no eres tú.

En ocasiones la voz interior nos recuerda que no es posible alcanzar la meta, sin embargo, ésta adquiere fuerza porque nos repite una serie de frases grabadas desde nuestra infancia basadas en falsas creencias y que quizá fueron ciertas en otro momento pero hoy ya no responden a la realidad, evitan que salgamos de nuestra zona de confort.

Hablemos de algunas falsas creencias, una muy frecuente es la edad. Parece que existe una única forma de vivir, así cuando tenemos veinte años ya debimos de haber realizado tal o cual cosa y la exigencia crece por años o décadas, cada cumpleaños viene acompañado de una lista de logros que es imperativo cumplir, nunca estamos conformes con lo que hemos logrado. En realidad, cada uno de nosotros es un ser distinto y único, lo que le funcionó a alguien más no necesariamente me sirve a mí. Hoy sabemos que las personas perciben los colores, sabores y la música de forma distinta. Siempre hay personas dispuestas a compartir su vida y los detalles de cómo fue que alcanzaron su meta sin importar su condición o circunstancias. Cuando tu voz interior te diga que tu edad ya es un impedimento para iniciar o emprender un camino busca en las historias de las personas que te han inspirado los hechos y evidencias que te permitan contra argumentar a tu voz interior. Las personas que alcanzaron sus objetivos son tan especiales y valiosas como tú, ellas con disciplina e integridad, tomaron decisiones cada día que los acercaban más a su sueño en lugar de hacer lo fácil y divertido hicieron lo correcto.

Para que nuestros pensamientos puedan crear la realidad que deseamos hay que trabajar las tres áreas (cerebro derecho, izquierdo y subconsciente). Cada creencia que descubramos que no contribuye a nuestro bienestar debemos reemplazarla conscientemente por al menos otras dos que sí lo hagan. Podemos reprogramar el lenguaje del subconsciente y utilizar símbolos, arquetipos, afirmaciones y hábitos. Si lo hacemos por un periodo de, al menos, 21 días habremos creado nuevas conexiones en el cerebro y lo notaremos en nuestra forma de tomar decisiones.

Te sugiero utilizar tu tiempo para sostener armonía, calma y paz mental. Con esto me refiero a que cuando notes que tu mente comienza a rumiar con pensamientos negativos que te llevan a sentir emociones como la frustración, la impotencia o la inseguridad te detengas a practicar la meditación, cantar mantras, realizar afirmaciones positivas o lo que funcione mejor para ti. Lo importante es que el tiempo que ocupes en sostener pensamientos positivos sea cada vez mayor. Elige tener disciplina para dar tiempo a estas prácticas durante tu día e incrementa la frecuencia cuando las circunstancias son aparentemente adversas. Puedo recordar épocas de mi vida en los que, antes de que la mente me aprisionara, elegía hacer una meditación. Hay momentos en los que durante un día siento la necesidad de meditar en las mañanas, en las tardes e incluso antes de dormir. Durante mi traslado en auto, escucho mantras y música sagrada como Ana Bekoach, Mode Ani o el Kadoish, Kadoish, kadoish Adonai Tsebayoth.[7] La mente no comprende y entonces se abre el espacio a la meditación para recibir su frecuencia y sus beneficios, los mantras son poderosos porque han sido utilizados por muchas personas

---

7 Canciones sagradas en hebreo. El Ana Becoaj contiene los 72 nombres o aspectos de Dios y nos fue dado para poder ser cocreadores de nuestra realidad. El Mode Ani es un canto de agradecimiento a Dios. El canto de Kadoish, Kadoish, kadoish Adonai Tsebayoth es de protección pues nada que no sea a imagen de Dios (padre-madre) puede existir.

a lo largo de miles de años. Si te trasladas a otra ciudad ¿qué prefieres usar la autopista recorrida por todos con certeza de la efectividad o inventar una brecha?

Por varios años coloqué frases motivacionales de los personajes preferidos de mis hijos en las agendas de trabajo escolar que les permitieran construir resiliencia y adoptar lo que en inglés de llama growth mindset. Así como frases y etiquetas en varios rincones de mi casa. Cada vez que veía una película con ellos buscaba la reflexión y trataba de visibilizar las Siete Leyes del Kybalion en las tramas. En mi casa intentamos ser conscientes del uso de etiquetas y evitamos adjudicar una circunstancia a la persona, por ejemplo cuando decimos: "Eres un desorden", en su lugar utilizamos: "El cuarto está muy desordenado". Hay ocasiones en que tengo más consciencia y claridad, entonces recuerdo que es mejor enfocar la atención en lo que sí deseo y agrego "Tú tienes un gran don para crear espacios armoniosos y encontrar un lugar a las cosas ¿podrías intentarlo ahora?". Claro que, siendo honesta contigo, me ha pasado que al estar detenido mi auto en el tráfico, con el aire acondicionado prendido por el calor infernal que hace afuera, si descubro que alguno de mis hijos baja la ventana grito de forma irracional.

Tú puedes reunirte con tu familia, que cada uno escriba una lista de cosas de las que se sienta merecedor, por ejemplo: me merezco amor, me merezco buenas calificaciones, me merezco paz. Al día siguiente se pueden reunir para visualizar como si ya lo estuvieran viviendo. Puedes hacer una cena especial, poner incienso o aceites esenciales y una música relajante. El objetivo es lograr que cada persona viva en su mente esa situación. Podrían intentar hacerle preguntas a quien está visualizando: ¿Cómo vistes?, ¿qué hueles?, ¿dónde estás?, ¿quiénes te acompañan? Después de la visualización pueden propiciar el análisis y la reflexión para que reconozcan los pasos a realizar o cambios que son necesarios para lograr el objetivo. Qué mejor que todos conozcan los valores de la familia, compartan sus objetivos y se impulsen mutuamente.

Segunda Ley. Correspondencia

"Como es arriba es abajo, como es abajo es arriba"

Tú posees todas las características del Universo. La primera forma en que lo comprendemos es en el amor, cuando nos sentimos completos dejamos de buscar en el exterior lo que siempre ha estado dentro de nosotros mismos. Posteriormente comprendemos que las situaciones que se nos presentan nos muestran cómo está nuestro interior. Puede ser incluso que tu pareja es la persona que te hace sentir todas tus heridas o quien que te pone un reflector en las áreas que debes trabajar, sanar y, además, que la sanación es únicamente tu responsabilidad.

El Universo es abundante. Tú puedes observar la naturaleza y ver que así es y aquello que se presenta en tu vida es la oportunidad para que descubras la lección a superar y obtengas sabiduría. De ahí parte la importancia de aprender a vivir en armonía y crear con amor.

Pero iniciemos por nuestra casa, reconozcamos que cada uno de sus habitantes y su contribución son valiosas para la vida de los demás, que la aportación en las labores domésticas de todos los miembros de la familia y el cumplimiento de las tareas permiten que los milagros sean posibles. Deja de transmitir la creencia de que en la vida hay que luchar y permite vivir la pasión de hacer lo que nos gusta, de sentir la prosperidad en nuestras amistades, en la salud y en la convivencia familiar. Una forma de cultivar la gratitud y la apreciación es dar las gracias. En ocasiones mientras alguno de tus hijos te relata su experiencia durante el día puedes hacerlo consciente de que eso que se presenta por medio de la otra persona le puede ayudar a reconocer en él (ella) algo para mejorar. "Lo que me choca me checa", es una frase muy popular que aplica a este principio. Esta ley ofrece el poder de sentir que tienes la posibilidad de cambiar tu historia al hacerte responsable de ti, también te permite salir del arquetipo de víctima. Un ejercicio sencillo puede ser dibujar mandalas o la flor de la vida para permitir que tu mente reconozca que todo es un fractal.

Tercera ley. Vibración

"Nada es inmóvil todo se mueve, todo vibra"

La resonancia es un fenómeno por el que se hace sonar algo de manera repetitiva. Las emociones también se transmiten, ¿has notado que cuando estás alrededor de una persona y después de un rato de convivir con ella te contagia su emoción? Marie Kondo explica que sólo debemos conservar aquellos objetos que encienden en nosotros la mejor energía, agradecerles y deshacernos de aquellos que bajan nuestra vibración. Los objetos y el entorno que nos rodea nos ayudan a amplificar nuestra señal o frecuencia pero también la pueden disminuir al hacernos sentir patrones antiguos y revivir emociones negativas.

Hay sentimientos que tienen una vibración más alta que otras, el amor es una de las más altas vibraciones. El trabajo del doctor Masaro Emoto es una prueba de cómo los pensamientos, las palabras de amor y de odio impactan de manera distinta en la formación de los copos de nieve. También es importante hablar de la energía de los espacios que ocupamos, de su limpieza, del orden, colores, etcétera. La naturaleza es abundante y estar en ella es la mejor forma de elevar nuestra vibración.

Ahora se sabe que en nuestro cerebro existen neuronas espejo que permiten imitar de lo que vemos. Por eso es que los niños repiten lo que ven de sus padres y no lo que les dicen, de ahí la importancia de predicar con el ejemplo. Es importante que cuides con quienes compartes la mayoría de tu tiempo, debes cuidar tu energía y tu vibración. Robert T. Kiyosaki, empresario y autor, afirma que a muchas personas el miedo y la falta de conocimiento les impide arriesgarse. Si quieres ser empresario reúnete con empresarios, rodéate de personas que posean las cualidades, los valores que admiras y que quieres incorporar en tu vida. Propicia que tu equipo tenga encuentros con personas que tengan el conocimiento y las habilidades afines a tu propósito. Incorpora la práctica de estas cualidades en tus actividades diarias y en tus procesos.

Nicola Tesla afirmó "Si lo que quieres es encontrar los secretos del Universo piensa en términos de energía, frecuencia y vibración". Cuando deseas atraer algo a tu vida como la abundancia piensa en ella como una ola, si quieres que la ola te lleve debes igualar su vibración. Cuando pagas por los servicios, tus necesidades, los alimentos y las deudas ¿qué emoción sientes? Toma consciencia de lo que te produce abrir tu billetera y dar el dinero o pagar. Si descubres miedo, inseguridad y carencia éste es el momento de cambiar. Tú eres abundante y puedes iniciar el cambio simplemente al dar gracias por la abundancia que te permite pagar, comprar, satisfacer tus necesidades. Al igual que en un estanque cuando avientas una piedra con la intención de que las olas sean mayores así alinea tus deseos para buscar tu bienestar, el de las personas que te rodean y el del mundo.

Hay empresas que dedican gran parte de su energía en agradecer a los clientes, a sus proveedores, a su red de apoyo, todo se trata de las personas. Por ejemplo, si tu proveedor tiene escasez de un producto y tiene que tomar una decisión respecto a quién entregarlo puede ser que su decisión se base en el nivel de conexión que tiene con su cliente, es decir contigo. Agradece, hazle saber sus cualidades y por qué su contribución te es importante y tómate el tiempo para que su jefe también las conozca. Si tienes un poco más de presupuesto hazle un regalo, algo que sea útil y significativo para tu proveedor, tu cliente o su familia. Evita creer que tus estrategias de publicidad son una forma de dar gracias. Muchos negocios o empresas gastan mucho dinero al regalar objetos con el logo de sus empresas y muchas veces estos terminan en la basura porque no son significativos para quien los recibe.

Cuidar lo que escuchamos, vemos, comemos, todo es energía y conscientemente podemos realizar diversas acciones para aumentar nuestra vibración. Podemos observar cuándo cargamos emociones densas y pedir ayuda a otros miembros de la familia para transmutar, sanar o armonizar una reunión, también podemos utilizar difusores de aceites esenciales durante el estudio o la meditación, tomar una ducha y utilizar la sal de mar y el romero o la lavanda para quitarnos energías densas, otra opción es ofrecer a nuestros hijos un apapacho o la transmisión de energía tras una caída, hablar de la importancia de reconocer nuestras emociones y de transmitir asertivamente nuestras necesidades, enseñar a nuestros hijos a establecer límites y a no sentirse culpables por hacerlo. Existen diferentes formas de armonizar nuestro cuerpo como utilizar la frecuencia *Solfeggio*, hacer posturas de yoga o acudir a terapias alternativas para reconocer que, así como ya tenemos el hábito de lavarnos las manos aunque no veamos que están sucias, así de importante es cuidar de nuestra energía.

Cuarta Ley. Polaridad

"Todo es doble, todo tiene dos polos. Todo tiene su par de opuestos: los semejantes y los antagónicos son lo mismo. Los opuestos son idénticos en naturaleza pero diferentes en grado. Los extremos se tocan. Todas las verdades son medias verdades, todas las paradojas pueden reconciliarse"

Imagina que estás en una playa, siente el calor y las condiciones climáticas y toma consciencia de emoción que te produce, muy probablemente será una sensación placentera. Ahora imagina que estás en una de las ciudades más cálidas del mundo, la temperatura es alta, te encuentras rodeado de pavimento, incluso puede tratarse de la misma temperatura de la playa pero tu sensación cambió. Ahora imagina que hace frío, quizás imagines automáticamente que te encuentras con tu frazada, chamarra o abrigo favorito, degustas una bebida caliente y nuevamente experimentas una sensación placentera. Ahora que recorres las calles de una ciudad en la que la nieve se ha apilado, tal vez descubras que al experimentar la primera imagen era más placentera tu sensación pero visualízate en la cima del Everest, donde los alpinistas se deben proteger del extremo frío para evitar que se congelen sus extremidades.

Frío y calor son diversos grados de la variable temperatura. Tu experiencia cambia al vivir ciertas condiciones climáticas cuando realizas una comparación. La comparación con otras realidades termina con la felicidad. Mientras más rechazas tu realidad más resistencia produces. Al utilizar este ejemplo tal vez hayas visualizado una especie de termómetro o regla con extremos en cada punta. Este principio más bien pide que te imagines una especie de dona o círculo, pues el extremo de uno es el inicio del otro. No es posible determinar dónde finaliza la oscuridad e inicia la luz, ¿en qué momento termina la noche e inicia el día?, uno da paso al otro.

Las emociones también son polares. Brené Brown, en su libro *The Gifts of Imperfection*,[8] explica que la palabra "coraje" proviene del latín y en su origen significaba hablar honesta y abiertamente de quiénes somos y que cuando uno está vulnerable practica el coraje y se atreve en grande. Es decir, cuando estás vulnerable es cuando más coraje y valentía demuestras.

Todo es relativo, las emociones tienen dos polos y tú puedes transmutarla, por ejemplo, si experimentas odio, rencor, enojo, sana tu emoción y cambia tu frecuencia de manera inmediata al practicar la gratitud. El dolor y la ansiedad son señales en el camino que te indican que debes reflexionar sobre tus creencias y patrones, deshacerte de algunos y reemplazarlos por pensamientos positivos que favorezcan tu bienestar.

Como dar y recibir, no podemos ver dónde inicia uno y dónde termina el otro. Cuando damos a otra persona nos damos a nosotros la oportunidad de vaciar, de dejar un espacio para recibir y cuando la otra persona nos agradece también nos da. Cada vez que recibo con gusto le doy a la otra persona la oportunidad de recibir más al momento de agradecer a la otra persona su gesto, el tiempo invertido y la abundancia compartida también lo doy. Deepak Chopra en *Las Siete Leyes Espirituales del Éxito* lo explica, agradece la oportunidad de estar en el lugar de la persona que da y tener esa posibilidad de compartir la abundancia que ya has recibido.

Una circunstancia puede ser percibida de forma distinta cuando depende del observador. Cada persona puede experimentar emociones distintas de una misma situación según sus creencias e historia de vida. Cada persona posee energía femenina y masculina, los sistemas y las leyes tienden hacia sus energías, lo importante es identificarlas y generar armonía, debemos dejar de ubicarnos en un extremo, crear más de lo que

---

8 Brené Brown, *The Gifts of Imperfection: let go of who you think you're supposed to be and embrace who you are*, Hazelden, Center City, Minnesota, 2010.

rechazamos para unificar ambos polos. En tu trabajo puedes desempeñar actividades que se caractericen por la lógica, la competencia, los objetivos, pero, al regresar a casa, debes cambiar tu energía para poder cuidar y nutrir de ti y de tus seres queridos.

Quinta Ley. Ritmo

"Todo fluye y refluye. Todo tiene sus periodos de avance y retroceso. Todo asciende y desciende.
Todo se mueve como un péndulo, la medida de su movimiento hacia la derecha es la misma que la de su movimiento hacia la izquierda. El ritmo es la compensación"

Siempre hay ciclos, la vida no es una constante. Cuando creamos estrés es porque no aceptamos el presente y ponemos resistencia, pretendemos poder controlar todo y eso es imposible, siempre hay valles y crestas. Las olas se retiran para volver a golpear la playa con mayor fuerza y cuando lo comprendes puedes rendirte al momento presente. En ciertas situaciones se trata de tomar una pausa para recibir inspiración, en otras de fijar una intención y diseñar un plan, a veces hay que sentir la emoción, reconocerla y verificar qué mensaje tiene. Los miedos, las inseguridades y los enojos hay que sentirlos y descubrir qué es lo que nos dicen, en ocasiones nos hablan del camino que debemos seguir para nuestro crecimiento, otras veces hacen necesario un cambio o indican que alguien cruzó un límite y que hay que poner nuevamente reglas claras.

Ninguna circunstancia o situación es permanente. Robert T. Kiyosaki explica en el libro *Incrementa tu IQ financiero: Sé más listo con tu dinero*, que antes de que pagues a tus empleados te pagues a ti primero, una parte de ese pago recomienda que lo destines a invertir en tu mente, a adquirir mayor conocimiento y a desarrollar tus habilidades para incrementar tus activos.[9] Asegúrate que los miembros de tu equipo posean un objetivo personal que impida que se vuelvan esclavos del trabajo e incorpora la capacitación constante, que ellos sean también su prioridad, recuerda que nadie puede dar lo que no posee, sólo completos y en equilibrio podemos alcanzar la creatividad.

Tú eres siempre tu mayor activo, tu vida es tu proyecto más importante, tú puedes reinventarte, cambiar los eventos y puedes reconstruir tu capital. Cuando te encuentres en la cima y disfrutes de la abundancia también recuerda prepararte para el siguiente ciclo, diseña claramente para el futuro, siembra lo que esperas cosechar. Cuando experimentes un valle recuerda que ese momento tiene un fin, aun y cuando no conozcas esa fecha. Que superaste otras dificultades y que ellas te hicieron crecer. Si las circunstancias que están presentes ahora en tu vida no te agradan analiza qué falló en el proceso. ¿Cómo era tu versión del pasado?, ¿diseñaste con claridad?, ¿tenías certeza?, ¿experimentabas emociones como alegría, amor o gozo?, ¿tenías claro el propósito y el beneficio de lo que querías? Ahora se te presenta la posibilidad de cambiar alguna variable e intentarlo de nuevo.

Disfruta de los placeres de la vida en el marco de tus valores y objetivos pues el momento en que se presentan pasará, todo tiene un inicio y un fin como la alegría, la tristeza, el dolor y la felicidad. Así pues, confía en que todo tiene un ciclo y, si permites que el dinero fluya como un río el vacío que se crea se volverá a llenar en el momento perfecto. Si extravías un billete o dinero porque se te cae despídelo con gusto y agradecimiento, imagina que el Universo en su plan perfecto te utilizó para llenar con abundancia la vida de alguien más y agradece por el vacío que se generó y que en un futuro te dará la oportunidad de recibir.

---

9 Robert T. Kiyosaki, *Incrementa tu IQ financiero: Sé más listo con tu dinero*, audiolibro narrado por Jesús Flores Jaimes, Editorial Penguin Random House Grupo Editorial, publicado el 21 de junio de 2018.

Como líder resalta siempre y públicamente las cualidades y las fortalezas de los miembros de tu equipo y en los momentos de crisis destaca y recuerda los logros obtenidos con anterioridad para que puedan mantener el ánimo cuando la adversidad se presente, la cual no durará para siempre, motiva la creatividad, el pensar en formas distintas para resolver crisis. Existen casos de empresas en las que los directivos y los empleados eligieron conscientemente disminuir sus salarios, recortar gastos innecesarios para mantener a los empleados en la compañía, así con el paso del tiempo y al transcurrir la crisis se crearon compañías con un ambiente de trabajo estable, con personas comprometidas con su fuente de trabajo y con los demás.

Comunica los propósitos de tu negocio u organización, sus valores, metas y objetivos pues si los miembros de tu equipo conocen los objetivos aspiracionales, el por qué es importante lo que hacen y se sienten motivados, también ayudarás a que puedan sobrellevar los ciclos y quizá te ayuden a encontrar una respuesta. Algunas personas tendrán una reacción y podrían intentar desanimarte, eso sólo es una proyección de sus miedos, de su inseguridad y de sus prejuicios, mejor revisa nuevamente tu propósito, tu motivación, los datos y tus emociones. Si la opinión de los demás no está alineada contigo no te enganches, no pierdas tu energía en justificar tu actuar, cada uno tiene un camino y su propio tablero de control. Tus creencias y tus emociones sólo sirven para ti. Tú posees una vibración única, eres una combinación única e irrepetible de genética, experiencias y creencias.

Joseph Newton afirmó que existe la Ley del Vacío: "Si creas un espacio para cada una de tus futuras atracciones enviarás al Universo la señal de que ya estás listo para recibir lo que quieres". Al comprender esto puedes ver el vacío y la ausencia como la promesa de que el espacio está creado para lo que viene. La ausencia de objetos y circunstancias deja de vincularse con una emoción negativa y puede conectarse con la certeza y la emoción que produce el resultado que se espera. El Universo siempre escucha tus pensamientos, tus palabras y no discrimina entre lo que pides que es positivo y lo que hablas y no quieres en tu vida. El Universo te escucha y te otorga lo que pides. Por ello, tú conscientemente procura tener cuidado con tus pensamientos y palabras, lo que pides no puede llegar a tu vida si no tiene espacio. Si deseas una relación con una pareja de tales o cuales características pero sigues involucrado con otra persona aun cuando no te agrada, una nueva persona no llegará a tu vida porque el espacio está ya ocupado. A veces sufrimos una pérdida de empleo, objetos o circunstancias porque el Universo necesita el espacio vacío para entregarte lo que es más benéfico para ti. Existen ejemplos de personas que logran abundante riqueza, la pierden y descubren que su experiencia, sus cualidades y su sabiduría son valiosas para lograr, posteriormente, mayor riqueza que la inicial.

Todo cambia: amigos, objetos y circunstancias vendrán y se irán, es la invitación para ver nuestros apegos y aprender a fluir, aprender a buscar el equilibrio y la paz, incluso en las circunstancias más adversas, todo pasa. Al observar las fases de la Luna y aprender a utilizar su energía, puedes bendecir tu casa en Luna llena basta con que te coloques enfrente de la puerta principal abierta y soples canela al interior para así invitar a la prosperidad. Otro ejercicio útil es desprendernos periódicamente de aquellos objetos que ya no nos causan alegría o placer, todo aquello que ya no utilizamos y puede ser útil para los demás, es importante no temer al vacío pues nos abre posibilidades a recibir. Enseñar a perdonar, como un acto en beneficio de quien perdona, para eliminar las energías densas que el resentimiento provoca. En familia podemos reconocer el valor del esfuerzo, de la disciplina y del desarrollo personal.

Recordar las etapas de la vida en las que las cosas no eran favorables y que, gracias al esfuerzo y a la disciplina, se logró salir adelante.

SEXTA LEY. CAUSA Y EFECTO

> "Toda causa tiene su efecto, todo efecto tiene su causa. Todo sucede de acuerdo a la ley, la suerte no es más que el nombre que se le da a la Ley no reconocida, hay muchos planos de causalidad pero nada escapa a la Ley"

Yo soy la causa, yo creo el efecto, yo puedo cambiar mis circunstancias, amar sin condiciones, sin imponer a los demás mi visión del mundo. Es hacernos conscientes de que podemos inspirar pero no obligar ni mucho menos controlar a los demás. Decir a tus hijos que son amados por el hecho de ser quienes son, que no necesitan hacer nada para ganarse tu amor porque ese ya lo tienen. Es mostrarles la importancia de amarse a sí mismos y enseñarles la diferencia entre buscar encajar en un grupo y pertenecer a uno. Es descubrirte a ti, amarte por quien eres y reconocer tu valor para poder aceptar y amar a los demás. Toda acción tiene una consecuencia, es importante actuar con consciencia y de forma responsable. Crea tus oraciones y finaliza: "Lo que sea mejor para mi bienestar y el de los demás" o "Hazme un instrumento de tu paz".

Siembras lo que cosechas, lo que das al Universo regresa a ti magnificado. Los hábitos nos dan la oportunidad de conocer nuestros condicionamientos y creencias, es la oportunidad para que descubras y elimines ideas. Tú eres una antena que envía un mensaje al Universo, él escucha la señal que envías y no distingue entre bueno o malo, por eso cuida tus pensamientos para que sean positivos.

Reconoce la persona imperfecta que eres, moldea tu diálogo interior, háblate con generosidad y compasión, cultiva en ti cualidades como la honestidad, la lealtad y la integridad. Rodéate de personas que sean dignas de confianza y te ayuden a elevar tu nivel de consciencia, que puedan darte retroalimentación con el filtro de la empatía, reúne en ti las cualidades de la gente que deseas atraer a tu vida.

Siente la abundancia en tu interior, cada una de tus células se regenera y toma los nutrientes que necesitas, da gracias por lo que tienes en tu vida en el presente y por lo que con certeza sabes que llegará en el momento perfecto, reconócete como una persona capaz de atraer abundancia y brindarla a otros. Imagina que tienes un jardín que cuidar, elige cuidadosamente las creencias y los hábitos que le beneficiarán, ese será el abono de la tierra que permita crecer una "súper planta", ella tiene grandes beneficios para la salud, excelentes nutrientes y tú puedes compartirla con quienes te rodean.

Verifica tu lenguaje durante el día. Hay personas que constantemente se quejan, se centran en aquello que les falta y aplazan su felicidad para cuando tengan, sean o logren. Practica agradecer ahora, en el presente, que es lo único que tienes, el futuro es incierto y depende de lo que tú hagas por ti hoy. Practica la meditación para acallar el ruido de tus pensamientos, conéctate con tu yo interior, encuentra, situaciones, personas, enseñanzas, objetos por los que puedas agradecer y, si te es posible, hazlo, escribe, llámales o envíales un mensaje para agradecerles. Si puedes contacta a una persona que haya sido significativa en tu vida y hazle saber por qué conocerla fue importante para ti. Cierra tus ojos y agradece a los objetos que te rodean, por su belleza, su utilidad, etcétera.

Cuando afirmes no lo hagas desde la carencia, si quieres evitar caer en la trampa del lenguaje deja de pedir y comienza a agradecer. Si quieres cambiar de trabajo, casa o auto da gracias por lo que tienes en este momento, siempre puedes encontrar formas creativas para poner tu atención en lo positivo de la experiencia, agradece por los momentos de crisis que te han traído sabiduría, da gracias por lo que eres. Si no obtienes lo que deseas cuestiónate, descubre qué creencias ya no te sirven, intenta enfocarte en que gracias a estas circunstancias presentes aprendes de lo que no te gusta y ahora podrás, con más detalle, enfocarte en lo que sí quieres que se materialice en tu vida. Aprópiate de tu historia y apréciala, incluye hábitos que te permitan actuar como si ya hubieras alcanzado tu objetivo, tu felicidad es ahora. En este momento atraes tu futuro, hazlo con intención, sé un creador consciente.

Desea para las otras personas lo que quieres para ti mismo, pide para alguien más la salud, la prosperidad y la abundancia que quieres en tu vida. Cuando experimentes la emoción de la envidia recuerda que es una señal de que deseas incorporar a tu vida más experiencias como la de quien las vive. Da gracias a la emoción por recordártelo y déjala ir, si fue posible para esa persona, también lo será para ti, las cualidades que admiras en otros, también están en ti, ellas sólo esperan a que centres tu atención y pongas tu intención en agregarlas a tu camino.

Así como en el mundo real sólo analizamos en los libros las leyes de naturaleza de forma separada, pero todo está interrelacionado y los principios o leyes igualmente lo están. Tú creas las circunstancias que te rodean, tus pensamientos, tus emociones y tus acciones también crean. ¿Eres un creador consciente? Elige cuidadosamente qué tipo de pensamientos ocupan tu mente y qué tipo de emociones experimentas. Controla tus emociones pues la ira, el enojo y la tristeza bajan tu vibración, hazte consciente de aquello que quieres cambiar en tu vida, presta tu atención e intención, realiza las acciones e incorpora hábitos que te ayuden a alcanzar tu ideal. Imagina el resultado que quieres atraer en tu vida, ¿qué cualidades poseen las personas que tienen eso que deseas?

Gary Zukav, autor de *El asiento del alma*; sostiene que "[...] Tú eres un espíritu, poderoso, creativo, compasivo y amoroso y el dolor en tu vida es la medida de la distancia entre tu imagen personal, tu comportamiento y la realidad. Todo lo que ocurre en tu vida te brinda la oportunidad para disminuir esa distancia hasta que sea cero. No tienes por qué hacerlo, tú tienes libre albedrío. Pero si eliges ignorar las partes amorosas de tu personalidad y cultivar o complacer las partes atemorizadas, crearás más consecuencias dolorosas [...]".[10]

Eckhart Tolle explica en *El Poder del Ahora*,[11] cómo vivir el momento presente. Es muy útil pero a veces no se tiene el momento presente ni la emoción ni la energía suficiente para vibrar más alto. Cuando tu historia de vida o tu pasado no te ha permitido experimentar una emoción que deseas siente tu visión del futuro y vívela. Joe Dispenza explica *El Poder del Futuro, enamorarte de tu futuro*, experimentar esa emoción en el presente al visualizar el futuro que deseas. Cuando no se tiene en el presente la emoción necesaria para elevar la vibración tráela de tu visión del futuro para impulsarte.[12]

Imagina que inicias la construcción de un edificio y, al comenzar la construcción del tercer piso, se derrumba. Puedes analizar si te faltó conocimiento, si tu sistema de valores no fue apropiado, si no contrataste a las personas correctas, si no tomaste en cuenta las condiciones del terreno, si construiste sobre cimientos débiles, etcétera. Algunas veces, el fracaso es la oportunidad que la vida te ofrece para que veas que tus creencias no fueron el cimiento sólido y que tienes que cavar para poner bases fuertes. En una obra es quizá la etapa más

---

10 Véase: Gary Zukav, en Oprah and Gary Zukav: Live From Calgary, Oprah Super Soul Conversations el podcast, 21 de agosto de 2019. https://open.spotify.com/episode/4oSjJ6NIQ-jkE8SIE3Yremb?si=534e36194dba47ff

11 Véase Eckhart Tolle, *Una Nueva Tierra. Un despertar al propósito de su vida*, Grupo Editorial Penguin Random House, traducido por Adriana de Hassan, 2018.

12 Véase: Joe Dispenza en 104. Dr. Joe Dispenza On a Formula For Healing The Body With The Mind, en The Mindvalley podcast, 9 de agosto de 2019. https://open.spotify.com/episode/51ABRUcyGK6tnHjI6eo7CJ?si=4e3ac35f2faf4cd0

tardada y la que no se ve al exterior, por eso mejor tómate tu tiempo cuando reconstruyas tu sistema de creencias así tendrás la seguridad de llevar a cabo un mejor plan.

Practica la humildad y deja de imponer tu proyecto de vida, en cambio pide a Dios o al Universo que te ubique en el lugar donde tus dones y habilidades pueden ser de mayor beneficio para Su plan. Inicia tu diálogo con Dios o el Universo, escucha las señales que te envía, los mensajes pueden provenir de diversas fuentes como números repetidos 111, 444, mensajes en canciones, programas, películas, correos o textos que se presentan cotidianamente. A veces se trata simplemente de abrir la página de un libro al azar.

Hay personas a las que les cuesta trabajo recibir y para ello hay muchas explicaciones, una de ellas se relaciona con el ego y la falta de humildad. Les cuesta recibir porque cuando dan lo hacen desde el ego porque les hace sentir superiores y ven como inferior a quien recibe, por eso es que cuando ellos están en esa situación les molesta recibir. Si es tu caso elige cambiar tu sistema de creencias, cuando des algo hazlo con la mejor intención de agradecer a la otra persona la oportunidad de darle y crear un espacio para que nuevamente tú puedas recibir. Cuando recibas de igual forma agradece lo que recibes y desea que se multipliquen las bendiciones para quien te da. Aprende a recibir elogios, reconoce y alaba las habilidades de los demás hazlo de forma honesta e íntegra.

Reconoce que no posees todas las respuestas. Es preferible hablar con honestidad y aceptar que no se domina un área o tema. Prefiere a aquella persona que no teme reconocer sus limitaciones a aquella que por miedo aparenta dominar un área o tener las habilidades para desarrollar un proyecto. En el primer caso, con honestidad te dirá que ésa no es su área de experiencia y tú tendrás la opción de elegir, mientras que en el segundo, tendrás que pagar la consecuencia de su falta de conocimiento y de su soberbia.

Cuando experimentes el éxito reconoce que no es sólo tuyo, reconoce el aporte de Dios o del Universo, de los miembros de tu familia o de tu equipo. Cuando experimentes fracaso tú toma la responsabilidad de tus decisiones, sus consecuencias y la lección que te ofrecieron.

Todas las personas estamos hechas del mismo material. Lo que nos distingue son las características y rasgos que nos dan identidad. Somos como agua contenida en una gota, cuando caemos al océano formamos parte de él y no hay más distinción. Trata a la gente con el amor, generosidad y compasión que te gustaría recibir a ti. Parecería suficiente decir, trátalos como te tratas a ti mismo, pero, si tu voz interior te esclaviza y te juzgas muy alto, no podrás dar lo que no te das a ti mismo. Reconoce el valor en las otras personas sin importar sus posesiones, logros o profesiones, haz que los que te rodean conozcan lo importante y lo valioso que son en tu vida. Cada una de las personas que contribuye a que tú, tu familia, tu equipo, tu negocio o tu empresa sean importantes se sentirán más valiosas si saben el propósito que buscan y que su aporte contribuye al objetivo.

Tendemos a buscar lo fácil. Para alcanzar nuestro objetivo tenemos que conocer nuestras debilidades, dejar de hacer lo fácil y rápido y comenzar a hacer lo correcto, lo necesario. Sigue tu plan y cumple con las acciones que te propusiste. La repetición, disciplina y consistencia lograrán los cambios en tu vida, supervisa tu nivel de compromiso y el cumplimiento de tus acciones, cambia lo que tengas que cambiar.

Todo está conectado, nada es casualidad, todo se presenta en tu vida por una razón. Algunas veces pasa que una persona que conociste hace tiempo se quedó con una buena impresión tuya, ella vivió ciertas circunstancias en su vida que le permitieron conseguir un mejor empleo o posición y se acuerda de ti ahora.

Cuando des a alguien también verifica tu intención y la emoción que impulsa esa acción. Muchas veces el origen está en mi deseo egoísta de no sufrir. No quiero sufrir al ver que mi familiar adulto vive las consecuencias de sus acciones y como yo no quiero vivir ese sufrimiento interfiero al evitar que aprenda su lección y le resuelvo el problema. Mi falta de reflexión y restricción evita su crecimiento.

Cuando compres no regatees. Valora el trabajo de la otra persona y encuentra satisfacción en poder pagar por ese trabajo. Cuando contrates no tomes la decisión con base en el costo, puede ser que contrates el servicio más económico e ineficiente. Generalmente, quien te ofrece un costo más alto te ofrece cronogramas, presupuestos eficaces e incluso puede fijarse una penalización por no cumplir con las expectativas.

Las emociones son las señales de la vida que te permiten reconocer lo que se debe cambiar, recuerda que si quieres resolver el problema debes abordarlo con un conocimiento o con distintas habilidades. No cambiarán tus circunstancias, la vida te presentará las mismas lecciones hasta que cambies tú. Espera con certeza la respuesta del Universo, como cuando esperas un paquete del otro lado del mundo, ignoras cuándo llegará pero sabes que sí lo hará. Si aún no se presentan las circunstancias en tu vida es porque no has sabido centrarte en una intención de forma clara o no has elevado lo suficiente tu vibración. Trabaja en eliminar las barreras que te impiden materializar lo que deseas. Reinicia el proceso y espera.

Séptima Ley. Generación

> "La generación existe por doquier,
> todo tiene su principio masculino y femenino,
> la generación se manifiesta en todos los planos"

El último principio es el de generación. Integrar el aspecto femenino y masculino para materializar. Siempre estamos en continua creación aunque hasta ahora lo has hecho sin darte cuenta de ello, se trata de valorar aquellas prácticas que la cultura había considerado poco valiosas como el cuidado, la creatividad, el arte, la elaboración de platillos y todo lo relacionado con nutrirte y ser creativo. Reconocer que tenemos la fuerza y poseemos la disciplina para poder obtener lo que deseamos, es sanar la relación con nuestros padres y madres, es vivir la vida con la convicción de que algo más grande te sostiene, ver que las crisis son el inicio de la creación, es reconocer que para materializar un resultado debemos primero ser para después hacer y por último tener. Prestar atención a los pensamientos, fijar la intención, reunir la información necesaria para obtener ese resultado, conectar con la emoción que impulsará nuestras acciones. Actuar y esperar a que el Universo te muestre el resultado que será lo mejor para ti. Alcanzamos el éxito cuando somos coherentes entre lo que pensamos, sentimos y actuamos.

El hecho de que no cumplan tus expectativas no significa que el resultado no sea para tu bienestar. Ve al momento presente sin adelantar escenarios que no existen aún ni tampoco vayas a experiencias del pasado. Elige dejar de ver la situación como algo negativo. ¿Para qué está pasando esto?, abre el espacio a la gratitud, ¿para qué se presenta esta situación en la que hay escasez de dinero en mi vida?, la respuesta puede ser tan sencilla como para permitirte sentirte amada y protegida. ¿Para qué se presentan situaciones en las que tengo que estar en varias partes al mismo tiempo para atender las necesidades de mi familia y personales?, la respuesta podría ser para que aprendas a soltar el control, a confiar en los demás y a delegar, dos emociones no pueden ocupar el mismo espacio al mismo tiempo. Mientras reconoces la situación por lo que es y te abres a ver las posibilidades de crecimiento desde el amor, de lo que te ofrecen, puedes sentir y experimentar gratitud, entonces ya transmutaste la experiencia y pronto verás resultados distintos. Serás consciente de los milagros que sucederán en tu vida producto de tu intención, atención y disciplina por obtener conocimiento y apropiarte de su sabiduría con la experimentación.

Últimamente se ha hablado mucho respecto de la igualdad entre el hombre y la mujer. En mi opinión, para hablar del tema es necesario involucrar a la equidad, la historia, los números que reflejan la realidad, los valores y la cultura. Todas las personas contribuimos a construir, crear y reproducir la cultura que nos rodea, las estadísticas revelan que hay una población que se encuentra en estado de vulnerabilidad por circunstancias particulares: edad, sexo, género, etcétera. Por ello, el concepto de igualdad no es suficiente pues no se puede tratar igual a los desiguales.

Me parece que, para poder hablar del respeto para las demás personas, debo estar yo primero en equilibrio y respetarme a mí. Sobre esta dualidad se habla en distintas cosmovisiones y en la sabiduría ancestral como: el ying y el yang. En términos de la física se utiliza el polo positivo y el negativo. Si pensamos en energía, todo es energía y nosotros poseemos estos dos polos o fuerzas, la femenina y la masculina. En la cultura que aprendimos, en los patrones heredados y en los condicionamientos sociales se esconde una predilección por aquello que proviene de la energía masculina y culturalmente se nos ha hecho creer que las labores o tareas que emanan de la energía femenina son poco valiosas.

La energía masculina da, busca dominar, competir, ve escasez, lucha, violencia, es el lado izquierdo del cerebro, también controla el lenguaje, el razonamiento, la lógica y las matemáticas como si tuvieras una maravillosa computadora personal. Origina el sentido de la identidad, el mío, de mí y yo, es genial y puede hacer grandes operaciones pero al vivir una cultura que rechaza, excluye y desprecia aquello que aporta la energía femenina genera falta de aceptación. Se trata del autorrechazo y del rechazo a los ancestros que nos precedieron, a las habilidades que nos heredaron. Se genera la incapacidad de reconocer y de expresar las emociones y una escasez de habilidades para sanar. Un ego exacerbado desconoce que es parte de algo más grande, que el otro y tú son lo mismo, desconoce a Dios y entonces tú eres tu Dios. Las personas con un ego fuera de control creen que son ellas las que merecen todo el crédito por sus logros pero, si como ellos, basas tu valor en circunstancias externas cuando las pierdes también pierdes tu identidad y el sentido del mérito y parece que todo el mundo se desploma.

Se desconoce la sabiduría que acompaña a las emociones, las personas nos dejamos llevar por los sentimientos y reaccionamos sin consciencia, buscamos recibir para nosotros mismos pues no tenemos sentido de unicidad, colocamos barreras que impiden el flujo de energía. Se trata de competencia, sobresalir, ser mejor que los demás, buscar el poder, controlar, dominar. En el ámbito laboral los liderazgos de este tipo eran muy comunes, personas que dominaban al denostar a los demás, al evidenciar los errores públicamente, al rodearse de personas con menor capacidad para evitar sentirse intimidados. Desde el ego son incapaces de reconocer que no tienen todas las respuestas, evitan sentirse vulnerables y utilizan la agresión y la burla como medio de defensa, los aciertos son suyos, los errores de los demás.

La energía masculina brinda la certeza de que todo es posible en cuanto a la abundancia, si tienes dificultades para creerlo y poca autoconfianza verifica la relación con tu padre, la relación de este con tu abuelo y sana lo que debas sanar.

Por otro lado, la energía femenina, recibe, ve la conexión, la espiritualidad, es la creatividad, la abundancia para todos, la unicidad, la totalidad. Es la parte derecha del cerebro, controla la imaginación, la habilidad espacial, la capacidad imaginativa y la intuición. La energía femenina es la conexión con algo más grande, como si esa computadora la conectaras a la red de internet, al inconsciente colectivo, tienes la certeza de que no estás sola, que todo está interrelacionado. Es lo que te permite sentirte parte del todo y conectarte con el plan divino entonces ya nada es personal porque el otro es yo, es el sentido de unicidad. La energía femenina permite la habilidad de reconocer lo que indica la emoción y la sabiduría que encierra, también permite externar sentimiento y emoción a través de la palabra o el arte y sanar, es la creatividad para transformar una situación, para descubrir diversas alternativas. Cuando te sientas parte de un todo ve por el bienestar de los demás porque el bien del otro también es el tuyo.

La energía femenina contenida en todas las personas busca recibir pero no para satisfacer únicamente sus necesidades, ella te hace sentir una pieza de un rompecabezas mucho mayor, te ayuda a ver las necesidades del otro como propias y te permite recibir inspiración y creatividad para transformar lo que recibes. Acéptala, transfórmala y dala a los demás, así su flujo continuará de forma abundante.

> La clave tal vez sea recordar que la vasija le da forma a la luz que recibe. Por lo tanto, la luz que es recibida por la vasija no es la misma que sale de ella y en esta transformación está el secreto que cambia toda comprensión del tema.

Cuando una mujer teje un chaleco o redacta un contrato lo que hace es transformar la luz que recibe en otra cosa, la dota de las características propias de su particular vasija y crea así una nueva realidad. La luz que se recibe bajo la forma de inteligencia, dinero, oportunidades laborales, buenas ideas, la oportunidad de ayudar a otros y, en general los dones especiales con que el Creador dota a cada persona se transforma por medio de nuestro talento personal y único.[13]

La energía femenina permite experimentar la certeza de que lo que necesitas para tu día ya está asegurado, que se tiene la creatividad y la abundancia para multiplicar lo que se recibe. Si encuentras dificultades en creerlo, si te cuesta trabajo recibir un cumplido o el agradecimiento de los demás, si no te sientes merecedor de pedir lo que necesitas, revisa la relación con tu madre. ¿Cómo recibían y administraban el dinero las mujeres en tu familia?

Nuestros padres actuaron lo mejor que pudieron desde su nivel de consciencia, lo que no nos brindaron fue porque ellos mismos no lo sabían o no lo conocían. Con frecuencia se trataba de hombres que reprimían sus emociones, que no sabían cómo expresarlas y mujeres que buscaban mantener todo en aparente calma para que el hombre, al llegar a casa, no estallara como una bomba.

De hombres que controlaban el dinero, cómo lo distribuían y en qué se gastaba, de mujeres que debían ser creativas para administrar lo que se les daba y no podían pedir más. Viaja a tu pasado, verifica cómo tu versión infantil se explicaba la vida en aquel momento, descubre las creencias que aceptaste y recuerda que esa ya no es tu realidad, ahora posees mayor información y puedes elegir creencias distintas que contribuyan a tu bienestar.

---

13 Anónimo, "Atención mujeres ser vasija no es lo que se cree", Fundación kabbalah, estudios espirituales y kabalistas", http://kabbalistas.cl/2015/04/02atencion-mujeres-ser-vasija-no-es-lo-que-se-cree/

Ambas energías, masculina y femenina están en ti, son indispensables para crear, para lograr un equilibrio y poder manifestar lo que deseas. En relación con tus actividades y con los demás te desempeñas principalmente con una de las dos características, puede ser que, respecto a tu pareja, destaques una de ellas y en tu equipo de trabajo utilices otra. Tú y tu pareja forman un equipo también y juntos pueden asumir una vibra frente a sus hijos o su negocio. Toma consciencia de aquellas actividades que te dan más energía y haz más de eso, puede ser correr, estar en la naturaleza, jugar un juego de mesa aunque decide con cuidado a quién o a qué le das tu poder.

En la actualidad se confunde la igualdad y se piensa en reproducir la cultura masculina exacerbada para tener éxito, no se trata de igualdad para reproducir conductas desconectadas del aporte femenino, porque la desconexión y la competencia favorecen el ego exacerbado,[14] la violencia, la destrucción y la aniquilación del ser. Entonces no se trata de la igualdad de la mujer para copiar lo malo que hace el hombre al vivir los valores masculinos y olvidar los femeninos, tampoco se trata de ejercer el poder sin reconocer la visión y el aporte de los demás, no es recibir para sí mismo, se trata de liderazgos con conexión, resiliencia, vulnerabilidad, tomar la aportación de los demás como algo valioso, considerar las necesidades para que con creatividad contribuyamos a un plan mayor y busquemos dar en aquellas áreas que tendrán un mayor efecto.

No se trata de ocupar un cargo para ejercer un poder ni de evidenciar públicamente los errores de otros, se trata de conectarnos con quienes nos rodean, conozcamos qué les aqueja y les motiva. Un ego descontrolado e inseguro busca

---

14 Me refiero no a lo que te da identidad y te hace ser una persona única sino a cuando esa identidad está desconectada de todo lo demás y asumes que todo lo que tienes, posees o se presenta en tu vida es por lo que haces sin importar nadie más y te aleja de tu poder interno en conexión con el Universo.

rodearse de personas que no le intimiden, que lo hagan verse el más inteligente. ¿Tú, prefieres rodearte de personas que superen tus conocimientos y habilidades para que puedas crecer? Mejor cuando contrates a alguien pregúntale qué fracasos ha tenido anteriormente y cómo los ha enfrentado, pregúntale si existe un área en la que desee mejorar y si cree que tú lo puedas ayudar.

Debemos reaprender a valorar el lugar de cada cual y la energía femenina y masculina por igual. Reconocer expresamente como valiosos los aportes de las dos y eliminar cualquier deseo de comparación o competencia. La única comparación válida es con uno mismo, con la versión que fuiste ayer.

La energía masculina es como la corriente de agua, la femenina la red de conexiones y tuberías que la recibe, contiene y distribuye, regula la presión y la fuerza de acuerdo con las áreas destinadas y cuando ambas se encuentran en equilibrio el flujo es continuo con el objetivo de contribuir a un diseño más grande. No hay estancamientos y así el agua no se pudre.

El conflicto y la transformación

¿Por qué nos asusta experimentar dolor?

Alguna vez escuché a alguien afirmar que el dolor no es necesario y que para evitarlo podíamos prepararnos, anticiparnos, promover nuestro desarrollo y hacer los cambios necesarios para nuestro bienestar pero yo no comparto esa idea. La situación es lo que es, nosotros somos los que, de acuerdo con nuestro nivel de consciencia, tendemos a juzgarla como buena o mala. Cada suceso se presenta por razones que no alcanzamos a comprender en el momento. El poeta Rumi afirmó "La herida es el lugar por donde entra la luz". Cada acción encierra un aprendizaje o una sabiduría que tiene que ser liberada, cuando la crisis nos hace salir de la zona de confort para buscar herramientas y un enfoque distinto encontramos dolor que nos hace crecer y el crecimiento duele porque la situación nos hace cuestionar nuestras certezas y ver la necesidad de modificar nuestras creencias. Con el paso del tiempo, una vez sanada la herida y reconocido el aprendizaje, podemos recordar una experiencia que en su momento se experimentó con dolor para impregnarla de agradecimiento y compasión. Mientras lees este texto te puedo asegurar que no estás poniendo atención a tus dedos del pie, pasan inadvertidos, en cambio, cuando caminas sin calzado y golpeas alguno de tus dedos con un mueble el dolor surge intensamente y hace que tomes consciencia de esa parte de tu cuerpo.

El dolor no es el problema sino que es la señal de advertencia que pone de manifiesto que existe algo en la situación que nos incomoda y confronta nuestras certezas. ¿Qué podemos cambiar?, ¿qué herramienta o conocimiento debo incorporar?, las respuestas quizá nos incomoden porque revelarán aspectos que teníamos invisibilizados pero son necesarios para retomar nuestro rumbo. Tal vez ni siquiera encuentres una solución, lo importante es que te cuestiones y permitas que el tiempo te muestre el camino.

En la vida lo único cierto es el cambio. ¿Cómo podríamos apreciar una experiencia agradable, satisfactoria o feliz si se convirtiera en una emoción normalizada? Las emociones tampoco pueden ser etiquetadas como buenas o malas, son una señal que la vida nos ofrece para que dirijamos nuestro camino. El miedo encierra dos significados uno de ellos es la alerta ante un riesgo y el otro es que estamos frente a algo nuevo y requerimos salir de la zona de confort. La ansiedad se presenta para mostrarnos que cargamos con creencias muy profundas que hacen que nos anticipemos al futuro con un resultado. Esas creencias y condicionamientos sociales son heredados y nos muestran que ya no son adecuados para nuestra realidad y bienestar. El estrés nos enseña que en lugar de vivir el presente y construir el futuro traemos un resultado de un futuro incierto al presente. La envidia nos muestra que hay algo que deseamos en nuestras vidas y que aún no lo conseguimos. El dolor se presenta porque nos creamos expectativas y después duele deshacernos de la imagen construida y esperada para aceptar la realidad. El enojo indica que hay un límite que se cruzó y que debemos restablecer.

Las biografías de las personas que han sido exitosas nos muestran que vivieron contratiempos, crisis o experiencias amargas. De hecho, las personas que comparten su conocimiento, sabiduría y proceso ya sea al escribir un libro, al enseñar o al dar conferencias, hablan de las crisis o eventos que se presentaron en su vida y que los motivó para iniciar el cambio que les permitió adquirir una nueva forma de vivir. Entonces, si en esta vida todo está en movimiento y la única constante es el cambio, recordemos que todo fluye y refluye, todo tiene periodos de avance y retroceso. Principio hermético del ritmo. El caos es necesario para que exista la creación. No estamos exentos de circunstancias no esperadas, porque no tenemos el control de nada y lo que podemos controlar es nuestro desarrollo personal, incorporar creencias y herramientas que nos permitan alcanzar nuestro bienestar y vivir de una mejor forma. Cuando se presenten nuevas circunstancias nuestra mente verá un reto a resolver y no un problema, buscaremos la sabiduría o el mensaje encerrado en él en lugar de ver la "injusticia" de ¿por qué me pasa esto a mí?

Experimentaremos dolor pero, por favor, no elijas estancarte en esa emoción, ella nos muestra que debemos trabajar en nuestro interior para sanar. Analiza ¿qué es lo que te duele de la situación?, observa tus expectativas, tus deseos, tus etiquetas, tus estereotipos y tus certezas. Examina tus creencias y elimina aquellas que no te permiten sanar. Aprende a fluir, a aceptar, a adaptarte y vive en el presente, desarrolla la resiliencia, no es necesario estancarte en el dolor pues estamos hechos para sanar. Cuando te cortas tu cuerpo se restaura naturalmente así, cuando experimentes dolor no te resistas, no busques escapes, adéntrate en tu interior y permite que la mente se transforme para poder sanar. Es imposible evitar que nuestros seres queridos experimenten dolor, en cambio, podemos enseñarles a identificar la emoción pero no a enterrarla o dormirla. Podemos mostrarles la importancia de cultivar amistades basadas en valores como la lealtad y la confianza, podemos compartirles la importancia de contar con un grupo de personas ante quienes, sin temor a mostrarnos vulnerables, podamos compartir nuestra intimidad, nuestra historia y así poder sanar. Proponte enseñar a cuestionar aquello que creemos cierto porque siempre hay posibilidades distintas, es importante reconocer que hay muchas formas de vivir la vida, sólo elige vivirla y atrévete a experimentar con distintas hipótesis, si falla el experimento formula una nueva para esperar otro resultado. ¿Tú cómo trabajas con el dolor?, ¿qué haces cuando alguien que estimas te dice que experimenta dolor?

¿QUÉ REVELA LA HERIDA EMOCIONAL DE MÍ?

Los desencuentros ocasionados por roces, fricciones o por falta de comprensión del otro producen emociones como ansiedad, ira, enojo e irritación. El otro generalmente son las personas más cercanas a mí (mi pareja, hijas, hijos, hermanas, hermanos o padres).

La autora Brené Brown invita a asumir que las personas actúan lo mejor que pueden. Nadie inicia el día y piensa cómo hacerle la vida imposible o difícil a los demás y mucho menos a nuestros seres queridos. Si la herida es el lugar por donde entra la luz prestemos atención a ella, permitámonos sentir la emoción, nombrarla y reconocerla. ¿Qué me irritó o me molestó del comentario del otro?, ¿por qué?, ¿qué siento?

Este mundo es dual, los opuestos son en realidad dos extremos de la misma cosa. Principio hermético de polaridad, sin la energía de los opuestos no puede existir la creación, sin embargo, culturalmente nos han enseñado a reprimir nuestro lado oscuro. Todos poseemos una sombra y en ella están aquellas emociones que no queremos afrontar ya sea por el dolor que nos produce la experiencia o porque nos han enseñado que hay emociones buenas y otras malas (lo cual es falso). La oscuridad es sólo la ausencia de luz, es la oportunidad para llevar luz a ciertos temas y hacer las paces con nuestra sombra. Tememos lo que desconocemos pero la mayoría de las veces el miedo nos indica que ese es el camino que debemos seguir para crecer.

Lo que no me gusta del otro lo corrijo en mí. Así es la ley del espejo o el Principio de correspondencia. La otra persona te ofrece la maravillosa oportunidad de ver tus heridas reflejadas en ella. ¿Cuál es la sabiduría tras esta lección?, ¿cuáles son mis expectativas?, ¿por qué espero que reaccione de otra forma?, ¿por qué quiero controlar su conducta?, ¿qué creencia me hace reaccionar así?

Todos deseamos construir conexiones profundas y rodearnos de personas con las que podamos convivir de forma auténtica, pero nadie da lo que no se da a sí mismo, es preciso aprender a aceptarnos para aceptar al otro. Darnos cuenta de que hay una falta de amor propio que nos hace creer que no somos suficientes, abracemos nuestra sombra y aprovechemos para que entre la luz, el amor y la compasión.

No podemos cambiar a nadie solamente podemos cambiarnos a nosotros mismos. Soy yo quien debe cambiar, quien debe reconocer que en la vida no todo es blanco y negro, hay muchas tonalidades. Principio de causa y efecto. Es decir, mi "verdad" y mis certezas no son irrefutables ni únicas. Mi "verdad" es el resultado de un aprendizaje y de condicionamientos sociales, por lo tanto, el otro también posee su "verdad". No se trata de una certeza a la que estemos sujetos todos, como la Ley de gravedad o la muerte.

Yo creo que el mundo es el resultado de mis creencias o mis puntos de vista y no hay una sola forma de verlo. Puedes elegir conscientemente la manera en que deseas percibir tu realidad así como escoger las creencias y los puntos de vista que serán el filtro con el que mirarás lo que se te presenta, escucha otras opiniones y analiza la tuya. Pregúntate constantemente si es necesario modificar tus creencias y tus valores para incorporar otros. Lo importante es la elección consciente. Busca generar acuerdos y establecer un significado común en familia. No es suficiente hablar del valor de la generosidad, la gratitud, la vulnerabilidad si cada miembro de la familia comprende el concepto de diversa forma.

Por ello, es importante hablar y decir qué entendemos por conceptos como amor, vulnerabilidad, perdón y comunicaciones significativas. En familia podemos establecer los valores que darán marco a nuestras decisiones y escoger las creencias que nos dan unidad. Es importante ser conscientes de que somos los creadores de la cultura familiar y que la construimos día con día. Las heridas nos muestran la oportunidad de sanar e incorporar creencias, hábitos y prácticas para nuestro bienestar y el de nuestra familia. En esta vida todo cambia, nada es inmóvil y tampoco deben serlo nuestras creencias, la herida nos muestra: ¿qué debemos cambiar?, ¿qué emoción hay que trascender?, y ¿qué circunstancia debemos resignificar?

Joseph Campbell, escritor y autor de varios libros que abordan los mitos y la experiencia del ser humano, en su libro *La historia del Grial. Magia y misterio del mito Artúrico* aborda la historia de Perceval,[15] uno de los Caballeros de la mesa redonda. El autor nos deja ver cómo Perceval es un joven que inicia su viaje al escuchar los dictados de su corazón y sigue las reglas que su madre le indicó. Posteriormente, al ser instruido sobre su actuar como Caballero, comenzó a seguir los consejos dados por otro caballero acerca de no hacer demasiadas preguntas ni hacerlas fuera de lugar.

Perceval encuentra en su viaje una aventura y el castillo del Grial. Es invitado a ingresar y observa distintas circunstancias que captan su atención entre ellas la enfermedad del señor del castillo. Su corazón le insta a preguntar qué es lo que sucedía, pero decide acallar a su intuición para comportarse como se espera de un Caballero, al final pierde la oportunidad de salvar

---

15 Véase: Joseph Campbell narrado por Stefan Rudnicki, Editorial Brilliance Audio publicado el 4 de septiembre de 2018.

al señor por no escuchar a su intuición. Esta historia es un claro ejemplo de cómo podemos sanar desde la compasión y el corazón.

El hecho de no escuchar nuestra intuición por seguir aquello que se espera de nosotros únicamente nos debilita. Es una traición a nosotros mismos. A los hombres culturalmente se les ha inculcado no mostrar ni mucho menos compartir sus emociones, con ello se les ha ocasionado una gran herida. Necesitamos dos polos para crear, principio de generación. La intención quizás en un inicio era para emular figuras estoicas, no obstante, el mensaje fue mal comprendido. Los liderazgos que se admiraban eran producto del conocimiento y de las herramientas para transmutar las emociones. Esas personas también vivían retos y crisis pero poseían distintas habilidades, lo que se admira en una persona ecuánime o estoica es su capacidad para autocontrolarse de las emociones y de la resiliencia, no se trata de negar sus sentimientos ni mucho menos de ocultarlos.

Se requiere de hombres y mujeres que tengan el valor de compartir su vulnerabilidad. Comparte tu intimidad, recuerda que en la vida hay pocas personas que se ganaron el derecho a escuchar tu historia, busca establecer relaciones de confianza y de cercanía para compartir esos momentos. Si alguien te confía su sentir honra su confianza. Escucha con empatía, desde el corazón, quizá la mayoría de las veces tu mayor aportación solamente sea escucharle y acompañarle, ya eso es muy valioso.

Ojalá que pronto y cada vez más los hombres logren el equilibrio entre su energía masculina y femenina, que entre ellos mismos puedan reconocer las prácticas impuestas ya sea por la familia o por los medios de comunicación que los hacen perderse. Que tengan la valentía de hablar entre ellos de cómo sanar, cómo amar y cómo conectarse desde el corazón.

Como madres podemos contribuir a que nuestras hijas e hijos reconozcan sus emociones y compartan su sentir, ellos aprenden de lo que ven no de lo que les decimos. Hace algunos años comprendí que hacía más daño a mis hijos al ocultar o negar mis emociones y todavía me es difícil explicarles cuando siento enojo, estrés o ira porque es necesario controlar mis reacciones y tener claridad. Pero al menos con intentarlo mis hijos pueden ver la dificultad y la importancia de hacerlo. Intenta explicarles que al conversar o dialogar con otra persona cada una conserva un punto de vista diferente, se puede experimentar una emoción distinta y es válido. Al escucharlos y reconocer su sentir les enseñamos que los validamos. No es posible decirle al otro que lo que siente no es cierto.

A medida que crecen nuestros hijos e hijas debemos mostrarles que nuestro tiempo es valioso y que es válido tener espacio para nosotras mismas, somos mejores al cuidar de las distintas áreas de nuestra vida. Podemos enseñarles a poner límites de acuerdo con sus valores, a apreciar su tiempo, su aportación a las labores del hogar y a amarse a sí mismos. Mi hija de cinco años se ríe cuando le pido que se mire al espejo y se diga "Me amo".

Conforme crecen, buscan descubrir su propia identidad y llega la rebeldía, tienen derecho a descubrir sus propios caminos, a cuestionar y a buscar otras formas de ver la vida. Entonces llega el momento de hablarles de la intuición, de la importancia de escuchar a su cuerpo y las señales que reciben para su seguridad, de inculcarles la práctica del autoconocimiento, de observar sus patrones de conducta y su forma de relacionarse con otras personas. La ciencia ya ha descubierto que el cerebro no termina de desarrollarse sino hasta después de los veinte años. Los adolescentes no tienen la capacidad física para medir los riesgos.

Si esto es perfecto, ¿para qué es? En mi vida como adulta tuve que aprender a darme cuenta que la razón no es la mejor guía, que la mente me presenta preguntas y esquemas que son la evidencia de mis creencias. Principio de mentalismo. Aprendí que está bien cuestionar lo que mi mente dice y a valorar la intuición. ¿Acaso la adolescencia es la época en que tenemos que aprender a conectar con la intuición?, no podemos tener a nuestros hijos en una burbuja ni podemos acompañarlos en todo momento, no podemos quitarles el derecho a vivir su experiencia y a decidir. Podemos confiar en que las herramientas que les dimos durante su infancia les serán de utilidad, yo pienso que la adolescencia es la época en la que ellos pueden aprender que tienen una guía personal en su intuición.

Permitirles que cuestionen lo que escuchan para que puedan cuestionar las voces en su interior, en mi experiencia lo mejor es preguntarles. Cuando les hacemos preguntas sobre un tema los obligamos a que reflexionen y se escuchen a ellos mismos cuando dan su respuesta. ¿Por qué piensas eso?, ¿por qué crees que es así? Intenta darles ejemplos de una postura y ejemplos que contradigan esa misma teoría. A veces utilizo la técnica del peor escenario y les pido que imaginen que eso que temen sucede ¿qué sería lo peor que pudiera pasar?, ¿qué podrías hacer? Al hacerlo repasamos sus alternativas y vemos que con creatividad podrían salir adelante, entonces la presión y el estrés que la situación les daba desaparece.

Yo leí por primera vez un libro de inteligencia emocional cuando tenía más de treinta años y estoy convencida de que lo que he aprendido es de gran utilidad y diario busco incorporar nuevas formas para hablar de diversos temas con mis hijos. Hoy la inteligencia emocional es un tema que se ve desde el jardín de niños. Ayer escuché cómo una amiga agradeció a mi hijo por la hospitalidad y escuché a mi hijo decir de nada. Posteriormente retomé el tema para explicarles a mis hijos que cuando contestan "de nada" no reciben lo que la otra persona desea darles, que es una forma de detener la abundancia y de no reconocer el valor de la aportación. Principio de la polaridad.

También procuro que comprendan que la práctica del perdón es por su propio bienestar, para que no guarden resentimiento, les hablo de las toxinas que genera su cuerpo al experimentar la emoción una y otra vez. Les recuerdo las palabras de la práctica del Ho'oponopono[16] y les pido que revisen si en el fondo necesitan perdonarse a sí mismos.

Otro aspecto importante de la autoestima es mostrar a nuestros hijos e hijas que aceptamos nuestro cuerpo y sus cambios. Cuando yo era adolescente se ocultaba todo lo referente a nuestra sexualidad. Hoy hablamos de la menstruación y de muchos otros temas en la mesa. Me parece que gran parte de los problemas en las relaciones sentimentales de las personas de mi generación se originaron porque mujeres y hombres hablamos lenguajes distintos. Las mujeres hablamos de emociones pero no se nos permitió conectar con nuestra sexualidad, en cambio, a los hombres sólo les fue permitido incursionar en la sexualidad aunque no hablaban de sus sentimientos.

Sentir la sensualidad es una parte importante de nuestra naturaleza. Nosotros les damos a nuestros hijos un ejemplo de cómo ser hombre o mujer y de cómo relacionarse en pareja. Mediante prácticas sencillas podemos enseñarles lo importante que es cultivar la autoestima, cuando compartimos nuestros retos y desafíos les mostramos que la vulnerabilidad es una fortaleza si tratas de encontrar un "para qué" en la experiencia. Es posible mostrarles que el fracaso trae la sabiduría que les acercará más al resultado deseado.

---

16 Sabiduría proveniente de la tradición hawaiana que te ayuda a asumir la responsabilidad y dejar el papel de víctima por medio de 4 premisas: lo siento, perdóname, gracias, te amo. Este proceso de limpieza y sanación nos ayuda a recobrar la conexión personal con la divinidad.

Lo bueno es que ya sabes lo que no te gusta

Albert Einstein decía que no se puede resolver un problema en el mismo nivel en el que fue creado. En otras palabras, si hay un resultado que no te gusta en tu vida y quieres cambiarlo debes modificar el proceso que lo produce, para eso se requiere un nuevo conocimiento pues es insensato hacer lo mismo y esperar un resultado distinto. Ahora salen a la luz acciones que provienen del miedo, de la separación y de la polaridad. Vemos a la discriminación, a la violencia y al miedo, vemos aquello que no funciona o no queremos más es el primer paso para cambiar. Esas creencias que detonan acciones violentas, que propician la discriminación y la separación de los "otros" ya estaban ahí y si ahora analizamos que el resultado de esas creencias es nocivo, entonces cambiemos.

Joe Dispenza en su libro *Deja de ser tú* nos explica que de manera inconsciente reproducimos un programa que, por nuestro entorno y nuestros hábitos se reafirma en un ciclo que se reproduce una y otra vez. Las crisis y los problemas nos ayudan a darnos cuenta de que es necesario cambiar, crecer y transformar nuestro interior y, para lograrlo, lo primero que tenemos que hacer es poner nuestra intención en cambiar, es vital analizar nuestras costumbres porque nuestro entorno y usos intentan detener el cambio y evitar que salgamos de la zona de confort. Es indispensable buscar nueva información, apropiarnos de ella, decidir a dónde queremos dirigirnos y realizar las acciones que nos acerquen a una nueva versión de nosotros mismos.

Cuando mi esposo y yo observábamos diseños de cocinas coincidíamos en que debíamos tener un área con asientos o bancos tipo "boots". En realidad ahora entiendo que toda nuestra idea provenía de la imagen falsa de que ese asiento sería lo que nos daría una mayor convivencia. Sin embargo, hace unos años tuvimos la oportunidad de utilizar en la cocina dos bancas con respaldo y una mesa y fue, gracias a esta experiencia, que descubrimos lo que nos gustaba y lo que no nos gustaba de este tipo de asientos. La experiencia nos permitió ver que la forma no era acorde a nuestras necesidades y nos centramos en lo que valorábamos importante para el diseño del nuevo espacio y la elección de los muebles.

Durante la reciente pandemia las personas estuvieron un tiempo recluidas en sus casas y la naturaleza tuvo la oportunidad de recuperar su grandiosidad. El aire, la tierra y el agua lucieron más limpios. Los animales regresaron a su hábitat. Quedó demostrado que era falsa la creencia de que mi contribución no importaba o que no existía la posibilidad de rescatar el planeta, estamos sanando. La crisis ahora nos permite ver lo que antes no veíamos y para sanar el primer paso es reconocer y nombrar. Aquello que no se nombra, que no se reconoce, que se niega, no sana. La reclusión por la pandemia nos ofreció la oportunidad de revisar ¿qué nos funciona y nos gusta?, ¿qué estamos dispuestos a retomar?, y de elegir ¿qué podemos dejar atrás?

Si deseas ver resultados distintos en tu comunidad elige creencias que detonen acciones y hábitos distintos. ¿Dónde iniciar?, ¿cómo saber qué creencias me benefician? Puedes iniciar por escuchar o leer a aquellas personas que comparten sus historias y todo el aprendizaje de su crecimiento, al hacerlo aprenderás de las circunstancias que les rodearon y los forjaron. Cada una de esas historias de vida es una prueba de que tú también puedes lograrlo. Busca e inspírate en aquellas personalidades que reúnan las características que admiras.

Recuerda la importancia de fijar tus objetivos y tener claridad en ellos, recuerda que los ambiciosos son los que motivan la transformación. No importa que no los alcancemos por el hecho de intentarlo ya somos una mejor versión de nosotros mismos. Si las circunstancias que te rodean no son lo que esperas, agradece lo que vives porque te ofrece la oportunidad de conocer lo que no te gusta, de valorar y de diseñar con mayor claridad lo que deseas. Así que hoy podemos decir que tenemos un gran aprendizaje como comunidad: ya sabemos lo que no nos gusta. Ahora toca elegir qué es lo que sí queremos y descubrir qué necesitamos hacer para alcanzar aquello que deseamos.

Atrévete a verte al espejo y decirte "Me amo"

Con frecuencia vamos por la vida sin prestar atención a la forma en que nuestro diálogo interno se desarrolla. Por lo general, cuando nos vemos en el espejo, primero surgen las inconformidades y quizá por ello dejamos de contemplarnos. La peor traición es la que te haces a ti misma, cuando te das cuenta de que toda la realidad que has creado es producto tuyo. Principio de generación. Lo más difícil es perdonarte. ¿Cómo vas a amar a otros?, ¿cómo vas a aprender a amar incondicionalmente?, cuando comiences contigo misma y hoy es un buen día para alimentar tu relación contigo.

Culturalmente nos han transmitido el mensaje de que hay que buscar a alguien que nos complemente lo cual es totalmente falso. Yo estoy completa y tengo todo en mí, soy yo la que debo aceptarme y valorarme, amarme al integrar mi luz y mi sombra, con mis altibajos de ánimo, con todos los cambios en mi cuerpo, con mis debilidades y fortalezas, el paquete completo.

No aprendimos a recibir ni tampoco a conectarnos con nuestra energía femenina, ¿qué creencias o qué puntos de vista tienes respecto a la creatividad o a la sensualidad?, ¿cómo reaccionas cuando alguien te hace un cumplido?, ¿cómo reaccionas cuando te dicen te amo?, ¿cómo reaccionas cuando te muestran afecto?

Por eso quiero compartir contigo algunas acciones para fortalecer tu autoestima.

1. Mírate fijamente a los ojos en el espejo todos los días y aprovecha para hablarte y afirmar tu amor por ti. Al principio es incómodo pero conforme pasan los segundos comienzas a descubrirte y a maravillarte de la creación que eres. Proporciona una gran vitalidad y fuerza el escucharte decir: "Yo me gusto", "Yo me amo", "Yo me acepto", "Yo amo mi energía", "Yo soy la creadora de mi vida", "Yo soy amor", "Yo soy creatividad", "Yo soy prosperidad", "Yo puedo crear mi futuro". Las afirmaciones ayudan a que el mensaje penetre en el subconsciente y genere una poderosa transformación.

2. Aprende a ser más generosa o generoso contigo mismo. Si observas tu diálogo interior quizá te hables y te juzgues más duro de lo que le hablarías a un ser querido en la misma situación. Parece que somos más propensos a mostrar compasión hacia otros que a nosotros mismos. Puedes comenzar a cambiar tu diálogo interno y cuando te des cuenta haz una pausa y cambia los papeles. ¿Cómo les hablarías a tus hijos, hermanos, padres o amigos en la misma situación? Concéntrate en las partes de tu cuerpo que te gustan.

3. Cuida tu espacio, rodéate de objetos, ropa y experiencias que te llenen de energía y vitalidad. Deshazte de todo lo que ya no ocupes y que no te traiga recuerdos placenteros. Incorpora colores, frases o imágenes que te ayuden a tener un mejor estado de ánimo, a recordar tus objetivos o metas.

4. Conócete a ti. Escribe tus fortalezas y tus debilidades, reconoce los dones que ya posees, descubre qué es lo que te gusta hacer y harías aunque no te pagaran por hacerlo, decide qué valores y creencias dan sentido a tu vida y a tus relaciones. Cuando tienes claros tus valores se hace más fácil elegir y acercarte a tus objetivos, fija tu intención en experimentar las circunstancias y las experiencias que te ayudarán a conectar con ese futuro. Probar algo distinto te ayuda a conectarte y a sentir nuevas emociones, a reconocer el valor de lo que ya estás creando.

5. Toma consciencia de que tienes el poder de elegir. Siempre puedes elegir tu reacción en un evento, ser optimista, buscar la sabiduría en la experiencia, etcétera. A veces vamos por la vida e invertimos mucho tiempo y energía en planear fiestas, viajes o reuniones y no dedicamos suficiente tiempo y esfuerzo a planear nuestro camino. Haz un plan de vida y elige qué experiencias deseas tener a corto, mediano y largo plazo. Descubre por qué alcanzar esos objetivos es importante para ti, visualízate en el momento de esa experiencia y el proceso para lograrla, decide qué acciones te ayudarán a lograr tus objetivos y actúa. El no hacer nada también es una elección, decir "no" también es una forma de decidir.

6. Pasa tiempo contigo. El tiempo de introspección es fundamental para tener una relación contigo, meditar, escribir en un diario, hacer jardinería, correr, nadar u otras prácticas que te ayuden a conectarte con tu voz interior. Abraza la soledad y presta atención a tus deseos, inquietudes, inseguridades y miedos, llevar un registro de ellos es muy útil porque puedes verificar tu aprendizaje, tu crecimiento o tu evolución.

7. Practica el agradecimiento. Agradecer por lo que ya está en nuestra vida, por lo que no sucedió, por lo que viene, por las personas, los objetos y las experiencias. Agradecer es una gran forma de mantener el bienestar, de conectarnos y de generar más de aquello que apreciamos.

8. Aprópiate de tu historia y celebra tus logros. Disfruta y celebra cada éxito que obtienes. Tú eres una persona que puso su intención y esfuerzo en lograr un objetivo, trabajaste para cambiar tu frecuencia y ahora atraes nuevos resultados. Esa sabiduría que obtuviste por dejar la zona de confort y emprender algo nuevo, al experimentar es tuya ya. Es tu mérito, reconócelo, celébralo y aprópiatelo.

9. Comparte estas prácticas con quienes te rodean. Te recomiendo sentarte en familia durante la cena y preguntar a tus hijos e hijas: ¿por qué agradecen el día de hoy? Compartan sus anécdotas. Te aseguro que descubrirás que puedes sentir la emoción de la gratitud cuando escuchas

a tus seres queridos explicar por qué se sienten agradecidos. Explícales que no es importante el resultado, elogia su esfuerzo y su aprendizaje, recuérdales cómo en otro momento salieron victoriosos con su esfuerzo y hazles sentir que ese mérito es suyo.

Recuerda que tú tienes un gran poder interno, tienes todo lo que necesitas en ti, una vez que te reconozcas y te aprecies podrás compartirlo. Lograste revelar más luz, tu energía cambió así que por favor deja atrás los intentos por pasar desapercibida. Deja que tu luz brille e ilumine a quienes te rodean. Permite que tu cambio inspire.

Suelta el perfeccionismo

Brené Brown, una de mis autoras favoritas, recientemente conmemoró los diez años de haber publicado su libro *Los regalos de la imperfección*. Ese libro hizo un cambio en mi vida y cada vez que lo leo aprendo algo distinto. Su propuesta de reconocer, integrar y apreciar la vulnerabilidad me parecía revolucionaria. De igual forma su invitación a revisar los valores como: el juego, la creatividad, la autenticidad, la autocompasión, la resiliencia, la gratitud, la alegría, la intuición, la atención plena, entre otros, reconocerlos e integrarlos me resultaba un reto. Hoy su propuesta forma parte de mis valores. Coincidentemente, me parece que su mensaje es necesario y aplicable a estos tiempos en que soltamos nuestras expectativas y vivimos con lo que el día nos ofrece.

Intentamos sostener un hogar con todos sus integrantes en casa en un cúmulo de emociones y necesidades individuales, en un espacio que a la vez debe brindar la posibilidad de realizar actividades laborales, educativas y físicas. Hay diversos esquemas y roles pero todo depende de las creencias que se comparten y reproducen en familia. Muchas mujeres, desde sus creencias del deber ser mujer, asumen toda la responsabilidad porque en el fondo vive el miedo a la imperfección o la vergüenza de no cumplir con lo que creo que debe hacer una mujer-madre-esposa.

No hay vida perfecta, somos seres humanos imperfectos y con todas nuestras fallas y debilidades merecemos todo lo bueno. Debemos aprender a aceptarnos y en esos momentos en que la voz interior busca atormentarnos con expectativas de lo que "debemos" realizar, mejor hablarnos como lo haríamos con un ser querido, ya que con frecuencia somos más duras para juzgarnos a nosotras mismas que a los demás.

Una parte de dar y recibir implica permitir que los demás miembros de la familia sean responsables y participen en las tareas del hogar que todos compartimos. Los niños y niñas, de acuerdo con su edad, pueden realizar muchas actividades para el mantenimiento del hogar. Participar en labores para tener la casa limpia, la ropa recogida o los trastes en su lugar les ayuda a sentir que su aportación es reconocida y a valorar la armonía del espacio.

Los hombres también merecen descubrir una nueva forma de paternar y disfrutar de un esquema en el cual puedan conectarse a nivel profundo con sus hijos e hijas. Principio de correspondencia. Paternar es estar presente en la vida de sus hijos e hijas y buscar guiar sus emociones. Actualmente existen muchas actividades y herramientas para ayudar a los niños a identificar sus emociones y a recuperar la calma (respirar, contar, leer, escuchar música, meditar, usar aceites esenciales, etcétera).

Dejemos atrás el perfeccionismo, no te compares con lo que hacías en el pasado o con la visión que tenías construida del futuro. Vive este presente que nos invita a valorar la conexión, a integrar la creatividad y el arte para sanarnos, a ser resilientes, a descubrir cómo mantener relaciones profundas de nuevas formas, a descubrir lo que nos gusta y lo que no, a reinventarnos y crear algo nuevo. Este momento te invita a vivir y sentir gozo, alegría y gratitud con lo que ya está en tu vida ahora.

Tratemos de mantener una mentalidad abierta, de hablarnos con compasión y generosidad, de aceptar lo que se muestra en nuestra vida sin negarlo. Si algo sucede o se presenta busca el ¿para qué?, trata de ver el mensaje que dicha situación trae. Esa es la vida, experimenta, observa lo que te funciona, lo que debe irse y vuelve a experimentar.

Aprende a maternarte

> Cuando tomas tu lugar de hijo, aceptando a tus padres y ancestros como son, todos ellos te respaldan con su amor y bendiciones para que hagas tu vida de la mejor manera para ti.
> BERT HELLINGER

La vida te ofrece la oportunidad de ver los patrones que se repiten y se repetirán hasta que tú trasciendas la emoción, hasta que logres resignificar la experiencia, modificarla y vincularla. Hubo un momento en el que yo creía que reconocía la herida emocional, lo que la había creado y pensaba que había trabajado en ella. Fue una buena amiga, Ana Carolina, quien me cuestionó ¿así como has practicado el perdón (porque las personas actúan lo mejor que pueden desde su nivel de conciencia, desde lo que tienen para dar), has cuidado de ti misma? Mi amiga me descubrió una nueva palabra, maternarte.

Maternarte es un hermoso concepto que permite a tu versión actual abrazar, validar, reconocer las necesidades de tu versión del pasado y darle ese cariño, compañía y seguridad que no tuvo. Realmente, siempre te tienes a ti y todo el amor que necesitas está en ti misma. Tus ancestros, tus padres, abuelas y abuelos y todas las personas que te preceden enfrentaron circunstancias y realidades distintas, actuaron lo mejor que pudieron. Hoy gozas de circunstancias distintas a las de ellos porque tus ancestros tuvieron el deseo de mejorar.

La conversación con mi amiga hizo que me diera cuenta de que todo este tiempo yo había ignorado a mi emoción.

Que al tratar de mostrar comprensión por la forma de criar de mis padres no me había permitido comprender que lo que sentí en su momento estuvo bien, lo que sentí fue resultado de mi percepción, no había validado mi emoción. El primer paso para sanar es ponerle nombre al sentimiento y yo había pasado por alto mi propio proceso, tampoco había conectado con esa versión anterior en este caso con mi niña interior para decirle que es normal sentir lo que sentí. No le había mostrado comprensión, simplemente le decía "todo estará bien" en lugar de explicarle que podía interpretar la situación de otra forma, una forma que le ayudara a sentirse mejor. Me negaba el derecho a mí misma de sentir y de expresar mis sentimientos.

Me faltaba empatía conmigo misma y en el fondo encontraba la idea de ¿quién soy yo para quejarme?, me encontré con esa creencia arraigada de "esta es tu cruz y comparada con otras es tan pequeña, así que ¿cómo te atreves a quejarte?". De nada sirve continuar con una emoción de sufrimiento, tristeza o enojo. Piensa en tu legado, en tus hijos e hijas y en las generaciones futuras. Tú puedes trascender esa emoción y hacer que tus descendientes tengan otra información y vivan otras experiencias. Principio de generación.

Es importante conectar con los sentimientos de las personas, dejarles reconocer y expresar lo que sienten, hacerles ver que comprendes su sentir, darles un punto de vista y herramientas que les permitan obtener otro panorama de la situación. Cuando se trata de ti misma ese camino que ya recorriste y que te trajo a esta versión te permite abrazar y transmitir con mayor seguridad y sabiduría a esa niña o niño interior.

El perdón es un acto que realizas para ti, para dejar de cargar con el pasado, recuerda que todo es una creación tuya, la generas en tu mente. Principio de mentalismo. Tú has atraído todas las situaciones a tu vida, toma la responsabilidad. Cada una de las personas juega un rol que te permite ver el programa que tienen en el inconsciente y que atrae esas situaciones. El Ho'oponopono es una tradición hawaiana que te ayuda a asumir la responsabilidad y a dejar el papel de víctima por medio de cuatro premisas: lo siento, perdóname, gracias y te amo. No es necesario que la otra persona sepa que lo haces, tu intención es suficiente. No requieres ni siquiera reflexionar el por qué de cada frase, simplemente con repetirlas y poner tu intención es suficiente para sanar.

Bert Hellinger, un psicoterapeuta de origen alemán, realizó una investigación respecto a los conflictos intrafamiliares y creó el sistema de Constelaciones familiares. Este sistema promueve que los integrantes de una familia realicen conductas que respondan a ciertos órdenes como si fueran protagonistas en una obra de teatro con un guion previamente diseñado. La madre y el padre juegan un papel en este mundo material para mostrarnos la certeza de que todo está dado en el mundo espiritual.

Según el autor no se pide perdón al otro ya que cedes tu poder y eso puede ocasionar una relación desigual y jerárquica. Cuando alguien me perdona me traslada su culpa. Mejor intenta ofrecer el perdón sin esperar que sea aceptado o no, decir "lo siento" permite a cada uno guardar su dignidad, hacerse responsable y generar una relación de igualdad.

Al recordar el ejercicio del Ho'oponopono quizá podrías decir "Siento haber permitido que cruzaras un límite", "Siento no haberte externado mi sentir" o "Siento no haberte visto por quien eras". Agradece y recuerda que esa persona te mostró una herida que había que sanar: "Agradezco que me mostraras que soy más fuerte de lo que creía o que debía cambiar". Decir te amo puede resultar muy difícil, en especial si el conflicto es reciente pero al menos intenta reconocer que el otro es tu otro yo así que le puedes decir: "Te amo porque eres parte de la esencia divina que me creó", "Te amo porque me diste la vida, porque has sido una parte importante en mi historia".

Si se trata de un incidente o episodio de tu infancia recuerda maternarte a ti misma, deja que tu niña interior nombre y reconozca la emoción, valídala y hazle ver que entiendes lo que sintió y que está bien sentir. Después trata de que vea la experiencia en una forma más amplia por medio de tu sabiduría, bríndale paz y seguridad, abrázala. Date a ti misma el cuidado y el amor que necesitaste. Aprende a amarte incondicionalmente, a aceptarte con todos tus defectos y virtudes, a tener la mejor relación con tu cuerpo y sus cambios, aprende que eres valiosa por el hecho de ser tú sin importar tus logros o fracasos. Tu valor no está relacionado con los objetos materiales que posees. Tú eres valiosa porque simple y sencillamente eres tú.

Tus padres actuaron en su momento lo mejor que pudieron desde sus sistemas de creencias y el nivel de consciencia. Principio de causa y efecto. Sus heridas de la infancia y sus filtros hacen que vean el mundo de una forma y desde esa postura te educaron. Ámalos incondicionalmente y no desde tus expectativas de cómo te hubiera gustado que reaccionaran, ámalos sin condiciones, sin juzgar. Aprende a brindarte el apoyo y cariño que te hubiera gustado tener de pequeña o pequeño, tú siempre has estado contigo y el tiempo no es lineal. Lo que en este momento realices puede cambiar cómo recuerdes una experiencia del pasado.

Sé para tus hijas e hijos el tipo de madre que te hubiera gustado tener. Descubre qué estrategias, creencias y herramientas te sirven y compártelas con ellos. En los tiempos de mayor estrés y, mientras la edad de mis hijos lo permitía, nos reuníamos en la cena para encender una veladora y dar gracias. En un vaso de vidrio pinté con plumones de colores frases inspiradoras relacionadas con el amor, mis hijos siempre pedían encenderla, les pedía que agradecieran por: personas, experiencias y objetos. Cada uno escuchaba lo que los otros miembros referían. Juntos repetíamos el siguiente mantra "estamos tranquilos, estamos protegidos, estoy bien, estoy en paz conmigo y con los demás".

Cuando mi hija mayor comenzó a ir a la primaria noté que las mañanas estaban muy cargadas de estrés y de choque entre nosotras, yo ya practicaba la meditación antes de levantarme y pensé que podía ayudarles, así que busqué en YouTube videos de meditaciones guiadas e hice una lista para cada día de la semana que incluía:

a) Un video mío en el que les indicaba el día de la semana, les decía cuánto los amaba, alguna frase inspiradora y les deseaba un excelente día.
b) Una meditación guiada.
c) Una canción para iniciar el día e indicarles que necesitaban comenzar su actividad.
d) Canciones diversas que les recordaban, vestirse, lavarse los dientes e ir a desayunar.

Calculé el tiempo que duraba cada lista para que fuera aproximadamente media hora antes de que se sentaran al desayuno. El resultado fue mágico, yo sólo tenía que ir a su cuarto poner la lista y esperar a que ellos solos cobraran consciencia y se empezaran a mover con el ritmo de los videos.

Te comparto esta estrategia para que te apoderes de las herramientas, la sabiduría de tu proceso y reconozcas el valor de transmitirlas a tus hijas e hijos.

CELEBREMOS DIARIAMENTE EL AMOR Y LA AMISTAD

La importancia que tienen el amor y la amistad en nuestra vida merece que sean honrados y celebrados cada día. Todas las personas buscamos sentir que formamos parte de algo más grande, que pertenecemos a un grupo o a un lugar y conectarnos. En la actualidad las estrategias de liderazgo reconocen que tener en cuenta estos factores puede marcar la diferencia en la cohesión del equipo y en la obtención de logros.

Albert Einstein le escribió a su hija sobre el amor en una de sus cartas, ahí explicó que el amor era una fuerza poderosa que gobernaba a las otras y no es el único autor que destaca la importancia del amor. Para elegir una profesión o actividad se sugiere elegir aquello que uno ama, de hecho cuando acudimos a un lugar o recibimos un servicio podemos notar en la actitud de las personas si aman lo que hacen o no.

El tener una red de apoyo, personas cercanas con quien se pueda ser uno mismo de forma auténtica, reconocer los errores, compartir los miedos y hablar hace posible que las personas puedan salir de una crisis o de una enfermedad. Las conexiones profundas hacen una diferencia.

Hoy en día el uso de las redes sociales y tecnologías de la información nos permiten experimentar nuestra pertenencia y contribución con algo más grande, sin embargo, considero que no sustituye los beneficios de un abrazo, una mirada a los ojos o el sentir la cercanía de alguien. Cuando estamos frente a frente podemos leer el lenguaje corporal y escuchar el tono de voz para tener un panorama más completo.

Inicias una nueva etapa y tienes la oportunidad de buscar conexiones a niveles profundos. El psicólogo Eugene Kennedy afirmó que "la amistad tiene un profundo efecto sobre el bienestar físico. Tener buenas relaciones personales ayuda a mejorar la salud y combate las depresiones". El autor Deepak Chopra también señala el beneficio que se genera al contar con relaciones de amistad profundas y significativas.

Todos poseemos la profunda necesidad de sentirnos parte de un grupo, es nuestra responsabilidad elegir las cualidades de las personas con las que deseamos compartir nuestro tiempo y mostrarnos de forma auténtica.

La amistad implica confianza, esa creencia de que la otra persona o el grupo podrán actuar adecuadamente según lo que han mostrado con sus acciones previas, para lograr llegar al tipo de relaciones de amistad con conexión profunda tenemos que tener claridad en los valores que elegimos como importantes para nosotros y en las acciones de las personas. Principio de correspondencia. Todos poseemos diferentes máscaras y solamente ante un grupo reducido nos sentimos con la libertad de mostrarnos sin ellas, bajamos nuestras barreras y filtros porque sentimos seguridad y nos atrevemos a compartir nuestros pensamientos, emociones, dudas, errores y todo aquello que ocupa nuestra mente.

Contar con amistades a las que puedes acudir para platicarles lo que aflige tu corazón, para hablar de tus problemas e inquietudes sin temor a ser juzgado es una joya aunque es muy rara. En realidad, son pocas las personas que con sus acciones durante años se han ganado el derecho a conocernos como somos, el nivel de conexión requiere primero, que nos aceptemos a nosotros mismos, que dejemos de juzgarnos y que nos deshagamos de la idea de perfección. En segundo término, se necesita valor para abrirnos a ser empáticos con los otros así como para escuchar sus historias, sus emociones, sus dudas y saber que estamos en apertura para sentir las emociones con sus relatos.

¿Cómo te sientes?, ¿qué emociones experimentas a lo largo del día?, ¿tienes el valor de hablar de tus problemas con alguien de tu confianza?, ¿permites que tu amiga o amigo te externen sus emociones e inquietudes? Tengamos la responsabilidad de hablar de nuestra salud mental y emocional, busquemos acercarnos con nuestros amigos para hablar de cómo nos sentimos, quizá descubramos que no se trata únicamente de mí. Tal vez al tratar de brindarle esperanza y aliento a los demás la persona que sane sea yo.

Honremos la amistad con valentía, entablemos conversaciones cercanas, profundas y significativas, hablemos de la ansiedad, de los temas que nos preocupan, de los cambios por lo que pasamos. Tengamos conversaciones incómodas pero significativas donde haya empatía, sin juicios y con creatividad encontremos juntos las respuestas. La vida se trata de experimentar y volver a intentar. Comparte los cambios que haces en tu vida que te han funcionado, tal vez a tu amiga o amigo le pueden servir.

Las emociones y los pensamientos son energía y tiene un impacto en todo aquello que nos rodea, por ello, al entrar en contacto con otras personas intercambiamos energía. Principio de vibración. Cada uno de nosotros posee diversos centros energéticos o chakras: corona, tercer ojo, garganta, corazón, plexo solar, sacro y raíz. Si pones atención en tu forma de relacionarte podrás observar qué chakra domina tu día. Algunas personas tienen energía sexual, otras se caracterizan por tener compasión, por hablar su verdad o por ser muy mentales. Incluso tú puedes elegir que un chakra determinado sea el que preponderantemente guíe tu día o el asunto según la ocasión. Es decir, los chakras inferiores[17] servirán mucho más para salir con tu pareja a bailar y los superiores[18] te ayudarán en conversaciones que requieran toma de decisiones o una planificación.

¿Qué energía eliges ser hoy?, ¿qué impacto deseas tener?, ¿de qué forma quieres contribuir? Esas preguntas nos obligan a ser conscientes de que nosotros siempre intercambiamos energía. Podemos determinar la forma en que queremos com-

---

17 Los tres primeros chakras raíz, sacro y plexo solar, representados por los colores rojo, naranja y amarillo; se ubican en la parte más baja de la columna vertebral, en los órganos reproductores y a la altura del estómago u ombligo y se relacionan con tu sentido de seguridad, placer y creatividad.

18 El chakra corona se ubica en la parte superior de tu cabeza, tercer ojo en tu entrecejo y el chakra garganta en tu cuello. Se representan con color morado, índigo y azul para poder conectar con tu intuición es importante incluir al chakra corazón representado por el color verde.

partirla pero no podemos controlar cómo actúa en los demás. Comúnmente escuchamos que alguien tiene una mala o buena vibra, es decir, estamos familiarizados con la capacidad de percibir la energía sólo nos falta explorar esa capacidad. Sentir empatía pero no quedarnos con sus emociones y vivencias. ¿Te ha pasado que después de hablar con una persona que estaba enojada o triste tú sientes esa emoción?, ese sentimiento que ahora experimentas no es consecuencia de eventos en tu vida sino del encuentro con ella porque recibiste su vibra. Con consciencia tú puedes decidir cambiarla, decir "esto no es mío" e incluso imaginar que lo sueltas de forma amorosa.

¿Quieres más amor en tu vida?, si es así entonces elige dar amor. ¿Cuál ha sido tu definición de amor?, ¿qué concepto de amor podría ser más benéfico para ti? Tener relaciones y contacto de forma consciente implica amarme, protegerme, procurarme y permitir a los demás hacer lo mismo. Deja de amar como a ti no te gusta que te amen. Se requiere ser responsables y conscientes de lo que damos a los demás y quitar el modo piloto de nuestra forma de dar. El autor Gary Chapman en su libro *Los cinco idiomas del amor* enseña que las personas tenemos cinco lenguajes principales para comunicar amor y sentir que somos amados: palabras de afirmación, tiempo de calidad, dar regalos, actos de servicio y el contacto físico. Los mayores conflictos en las relaciones surgen porque no sabemos dar ni reconocer lo que la otra persona requiere. Los conflictos surgen cuando creemos que el otro requiere lo que a mí me gustaría recibir o que la otra persona va a sentir mi amor de la forma en que yo me siento amada. La otra persona no se siente amada porque yo insisto en dar actos de servicio cuando ella siente que la amo con palabras de afirmación. Da amor de forma significativa para la otra persona.

La tarea de tener conexión y contacto con consciencia es compleja. Se requiere poner atención, fijar la intención, ser responsable de mi energía, observar la forma en que me muestro al mundo, poner límites, mantenerlos y conocer mi lenguaje del amor. Conocerte a ti es el primer paso. ¿De qué forma te sientes amada?, si te es difícil intenta recordar ¿qué es lo que más le reclamas a tu pareja?, la respuesta te ayudará a descubrir tu lenguaje del amor.

Sánate a ti primero, es imposible dar lo que no te das a ti. Quizás aprendiste que el amor se expresaba de cierta forma o no recibiste las palabras cálidas o los elogios que necesitabas y eso te hizo poner una armadura para protegerte. Si tú eres una de las personas a las que les cuesta tener contacto físico o hablar de forma amorosa para expresar lo que sienten por los que amas y elogiarles, ahora es el momento de quitarte la armadura para permitirte conectar con los demás. No reproduzcas más la justificación de: "Yo soy así, esta es mi forma de expresar amor" y pretender que las otras personas vean satisfechas sus necesidades afectivas porque tú decides cocinar un platillo, podar el pasto o darle regalos. Da expresiones de amor que a los otros les gustaría recibir, incluso es más importante con la infancia: las niñas y los niños no tienen por qué comprender a un adulto herido y modificar sus necesidades para sentirse amados. No insistas en expresar tu amor de una forma en que los demás no entienden y que además no satisfacen sus necesidades emocionales de amor y afecto. Ama a tus hijos de acuerdo con su lenguaje de amor o, lo que es más, utiliza todos los lenguajes.

Ahora la tecnología nos facilita todo lo anterior pues existe una aplicación basada en el libro de Gary Chapman en la que resuelves un cuestionario en pareja *Love nudge* para descubrir los lenguajes de amor de ambos. Incluso la aplicación te da tips y te recuerda que tengas acciones que alimenten el amor en el lenguaje del otro. Todo es fácil si lo quieres. ¿Qué te impide cambiar?, ¿qué te impide ser una mejor versión de ti?,

¿qué tipo de relaciones quieres tener? Recuerda que tú siempre puedes elegir.

Finalmente, lo que intento es animarte a hacer una práctica diaria para celebrar el amor y la amistad. Contempla en tus proyectos y en tu vida los factores de amor y de amistad porque al incluir estas variables y procurarlas intencionalmente, obtendrás los mejores resultados.

Escuché una entrevista donde Oprah entrevistó a Michelle Obama[19] y ella compartió su vulnerabilidad. Ahí me pude percatar de lo empoderada y admirada que es al compartir sus dudas y luchas internas, que conscientemente día con día evita la comparación y trabaja intencionalmente en su autoestima, al escucharla yo sentí un gran alivio. No soy sólo yo, no soy la única que tiene dificultades con estos temas, no luchamos solos contra estas inquietudes, es decir, las enfrentamos en soledad porque nos es difícil hablar de ellas.

Lo único que es constante en esta vida es el cambio. Principio del ritmo. Nuestras células mueren y se regeneran completamente, nuestro cuerpo está en constante transformación y parecería que el hecho de amarnos total e incondicionalmente es fácil, sin embargo, no es así. Podemos trabajar intencionalmente en ello y una forma de hacerlo es decirnos a nosotros mismos "me amo, me acepto, me gusto". Decirle a nuestro cuerpo lo agradecidos que estamos por lo que nos permite realizar, gozar, vivir. Para ello es importante conocernos profundamente, saber ¿cuáles son mis creencias?, ¿por qué las elijo?, ¿de qué forma contribuyen a mi bienestar?, se trata de descubrir ¿qué es importante para ti?, ¿qué es aquello que valoras?, si para ti es importante la honestidad, la lealtad, la creatividad, la conexión o cualquier otro valor, ¿qué significan?, ¿cómo se comportan las personas que se distinguen por ese valor? Si nos planteamos estas preguntas regularmente

___
19 Véase Oprah and Michelle Obama: your life in Focus, feb 2020 https://open.spotify.com/episode/3aPt83SwXy9FhCREzh1nE5?si=a901bb00a3164431

podremos evitar caer en condicionamientos sociales, patrones heredados y todo aquello que los medios de comunicación nos indican que debemos ser o hacer.

Escuchar a Michelle Obama me hizo recordar que no se trata de compararme con otra persona, ni con aquello que vemos en las revistas o los medios de comunicación. Soy una persona única, ninguna otra persona posee mi cuerpo o mis cualidades, no es válido compararme con alguien más y mucho menos con aquellas imágenes perfectas e inexistentes que nos muestra la publicidad, es muy diferente vivir una vida real, sin poses, ni escenarios, sin súper producción. Me recordó que tampoco es válido compararme con mi versión anterior porque el tiempo pasa y no puedo esperar que mi cuerpo se ajuste a lo que usaba en la adolescencia o en mis veintes. Se trata de vivir el presente, de aceptarme en el ahora, se trata de agradecer mi pasado porque todas esas experiencias son las que me han formado. Se trata de hablarme con generosidad.

Por ello, debes saber qué es lo mejor para ti no lo que los medios de comunicación te quieren hacer creer que es importante. Tú eres única. Los estereotipos de belleza han cambiado a lo largo de los años y son el resultado de distintos puntos de vista y de acuerdos. Al final del día tú eres lo más importante, tu desarrollo, tu salud, tu amor propio, tu conexión contigo y con los demás, se trata de ser auténtica, amarte, aceptarte, saber que "tus personas cercanas" te aceptan como eres, sin máscaras. Si la respuesta a la pregunta ¿estás cambiando?, es sí, acepto los cambios en mi vida y acepto esta nueva versión de mí porque yo la diseñé.

LAS EMOCIONES SON SEÑALES

La oscuridad es lo que permite que reconozcamos la luz. Carl Jung hablaba del arquetipo de la sombra como el lado oscuro de nuestra personalidad. Preferimos ocultar todo aquello que nuestro consciente prefiere no reconocer debido a las creencias aprendidas, heredadas o transmitidas de cualquier otra forma que nos hacen pensar que dichos instintos, emociones y pensamientos son "malos" o "negativos". El hecho de que no los traigamos a la luz no hace que desaparezcan, sólo están ahí como una herida sin sanar. Tener una sombra es algo normal, como ya lo dijimos, todos poseemos luz y sombra. Principio de polaridad. Es momento de que abracemos nuestra sombra, que la veamos con otro enfoque y la integremos de manera consciente a nuestra esencia para sentirnos completos.

Las emociones son las señales que nos dicen lo que debemos revisar y autorreflexionar. El miedo es uno de los sentimientos básicos que desde tiempos ancestrales ayudaba a mantener a los seres humanos con vida. En mi opinión hay dos tipos de señales que recibe tu cuerpo: la primera es una señal que proviene de tu interior, por ejemplo, si vas caminando y ves a una persona que viene por la misma acera y de repente escuchas o sientes que debes cambiar de lado, esa voz proviene de la intuición y hay que hacerle caso. La intuición es el resultado de un proceso en el que tu cuerpo analiza varias señales que muchas veces para la razón no tienen sentido.

El miedo se produce por un pensamiento que puede ser resultado de un proceso voluntario o involuntario tanto de nuestras experiencias como de los estímulos externos o las ideas de la colectividad. El miedo se puede sentir ante la presencia de un peligro real: como cuando hay enfrente de mí un animal furioso capaz de morderme. También experimentamos miedo o pánico ante un peligro imaginario producto de nuestra mente y una estrategia eficaz para detener este patrón es:

a) Hacerte consciente, ya el hecho de percatarte del pensamiento es la invitación a la luz. El cuerpo revive una experiencia del pasado pero tú ya no eres esa versión, tu cuerpo te presenta el resultado de una programación o algo en tu entorno te hizo recordar o conectar con sucesos de tu pasado. Cuando te das cuenta de ello ya estás en posibilidad de elegir algo distinto. Reconoce la emoción, háblale, dile que ya la observaste, que le agradeces el mensaje. Pregúntale a tu cuerpo qué te indica, pues sólo es la reproducción de una emoción de tu pasado. Recuerda que en este momento estás en paz y vives otra realidad.

b) Concéntrate en el momento presente, en este instante, conéctate con la Tierra. Inhala profundo y despacio, siente cómo el aire entra hasta tu estómago, infla tus pulmones e incluso notarás que tu pecho se levanta. Exhala e imagina que esa emoción sale de tu cuerpo, obliga a tu mente a conectar con los cinco sentidos y a vivir la experiencia del presente: ¿qué huelo?, ¿qué sienten mis pies?, ¿cómo se siente mi estómago?

c) Agradece por la salud, el bienestar, las vivencias y los objetos de los que gozas en este momento en tu vida. Recuerda que ahora los pensamientos que albergues y desarrolles son los que atraerán tu futuro. Éste es el momento en el que construyes la realidad que deseas vivir.

d) Siente tu energía en tu plexo solar o estómago. ¿Cómo se siente?, si te sientes reducida, disminuida, pesada o contraída, visualiza cómo recibes la energía del Universo que ingresa por tu chakra corona y expándela por todo tu cuerpo.

e) Agradece porque tú sabes de tu poder interno y decides no ser la víctima de tus creencias inconscientes. Tú ahora, conscientemente, eliges crear tu realidad.

El miedo se presenta ante lo desconocido, cuando estás por emprender una nueva experiencia tu cuerpo te envía la señal de miedo, podemos agradecerla y reconocer que nos falta más información o educación en el tema. Muchas personas carecemos de una instrucción en finanzas, en la formación académica rara vez se tocan esos temas y ese analfabetismo financiero nos hace sentir temor y ansiedad cuando hay que tomar decisiones respecto a compras, inversiones, gastos, créditos y todo lo relacionado con el dinero. Un consejo: adquiere información por tu cuenta.

Don Miguel Ruíz escribió *Los cuatro acuerdos* y afirma que somos incapaces de ver la verdad porque estamos ciegos. Nos ciegan las falsas creencias que hacen que vivamos dentro de una bruma que no nos permite ver con claridad. Él nos invita a hacernos cargo de las creencias que adoptamos y nos propone cuatro acuerdos: sé impecable con tus palabras, no te tomes nada personalmente, haz siempre tu máximo esfuerzo y rompe viejos acuerdos.

Hoy, más que nunca, dejemos de crear la polaridad al pensar sólo en mi individualidad (yo, mío, de mí). Soy parte de una comunidad en un mundo que necesita de mí. ¿Cómo puedo ayudar? Ayudo al practicar los cuatro acuerdos. En el camino iniciático se habla de cuatro arquetipos: el guerrero, el comerciante, el pontífice o sacerdote y el mago. Podemos muy bien aplicar la filosofía de los cuatro acuerdos a estos arquetipos. Un arquetipo es un modelo y posee una carga significativa. Carl Jung utiliza el término para referirse a patrones de conducta en el inconsciente colectivo. También afirma "Yo no soy lo que me sucedió. Yo soy lo que elegí ser". Con consciencia puedes decidir qué quieres ser y utilizar el arquetipo para que aumenten esas cualidades en ti.

Primero, sé impecable con tus palabras y acciones, cuida tus pensamientos, tus acciones, tus hábitos. No reproduzcas imágenes o información que desencadene el miedo.

El arquetipo del guerrero inconsciente siente enojo, coraje, frustración y se siente víctima, su realidad es consecuencia de factores externos. Una vez que toma consciencia de que la lucha no es en el exterior sino en su interior, se percata de que puede elegir, poner límites y surge su fuerza interna y su voluntad para seguir sus sueños, se hace responsable de su realidad. Podemos elegir hablar de las cosas buenas que suceden hoy mismo, podemos centrar nuestra atención en lo positivo y no en los peores escenarios.

No seas un eslabón más en la transmisión de ideas negativas, únicamente tú puedes tener el control de lo que te permites creer y de cómo quieres ver la vida. Las otras personas poseen también su derecho divino a elegir sus creencias, puntos de vista y su camino, no hay una sola verdad, ni un solo camino.

En este mundo vivimos emociones, cuando las negamos o callamos para no sentir detenemos el flujo natural y nos volvemos incapaces de reconocer los mensajes que los sentimientos nos brindan. Tu realidad te mostrará eso que niegas, el Universo te presentará, de formas distintas, esas emociones y traumas del pasado para que los puedas trascender. Cuando descubres que todo lo que está afuera es producto tuyo, cuando sólo deseas cambiar, entonces surge la fuerza, la voluntad y el coraje para vivir de otra forma.

Sé consciente de tu valor, honra a tu vida y reconoce que eres parte de una comunidad, no adquieras un artículo desde la carencia. Al buscar un producto fíjate en el valor que ese objeto o experiencia traerá a tu vida y si no lo necesitas no lo compres para acumular. Existen otras personas que lo necesitan y con tu acción, que proviene del miedo, contribuyes a que se encarezca y escasee. Todos los objetos también poseen una energía, revisa constantemente qué energía te brinda aquello que te rodea. Guía tus acciones, recuerda buscar el beneficio para la comunidad y para el planeta, de nada sirve que, por pánico, compres artículos que no utilizarás.

Segundo, no te tomes nada personal, los humanos actuamos lo mejor que podemos desde nuestro nivel de consciencia y de creencias, evitemos hacer suposiciones. Es una buena oportunidad para reflexionar en hábitos que teníamos de forma inconsciente, como puede ser la forma de saludar y la higiene. Podemos cambiar nuestras costumbres no desde el miedo sino desde el deseo de mi bienestar. A toda acción corresponde una reacción. Principio de causa y efecto. Conscientemente tú puedes elegir cómo recibir eso y, desde la consciencia, resignificarlo para transformarlo.

El arquetipo del comerciante es aquel que genera acuerdos, crea redes y utiliza la comunicación de forma asertiva. Es un buen momento para valorar el contacto físico y cómo mostramos a los demás nuestra alegría. Debemos aprender a recibir sin prejuicios, a dar por el gozo de contribuir a la vida de otra persona, es una oportunidad para conectar con la creatividad, la sensualidad y la comunicación, para centrarnos en la limpieza, la eliminación de toxinas y el bienestar, tanto de nuestro cuerpo como de los ambientes que nos rodean. Podemos adoptar nuevos hábitos como despejar áreas de la casa, incorporar plantas, cambiar el material que utilizamos para limpiar por otro más benéfico que contribuya a nuestra salud y al ambiente. Incluir en nuestro día a día alimentos como el jengibre y la canela o tomar al despertar agua tibia con vinagre de manzana y bicarbonato.

Recuerda que el negociante reconoce sus dones y virtudes y puede jugar con ellos. No podemos dar lo que a nosotros mismos nos negamos, aprender a amarnos incondicionalmente, a honrar nuestra vida y a actuar desde el merecimiento hará que podamos dar a los demás de la misma forma. Reconoce tu voz y permite que los demás la conozcan. Algunas personas tienen bloqueado su chakra garganta porque viven una mentira, callan su verdad y no se muestran al mundo de forma auténtica, buscan encajar en lugar de pertenecer y no son honestas con ellas mismas.

Tú eres una persona única y posees cualidades que te hacen valiosa, permite que tus dones sean recibidos en este mundo, muéstrate por quien eres, así llegarán a ti las personas correctas y acordes a tu nueva vibración.

Tercero, haz siempre tu máximo esfuerzo. Cuando puedas elige siempre dar lo mejor de ti. Actúa porque te gusta, porque va de acuerdo con tus valores y no porque esperas una recompensa por tus acciones, conecta con tu energía femenina "nutrir" y masculina "dar". Ten generosidad contigo, seguramente los hábitos, la información en los medios y la rutina harán que sientas que te apartaste de tu intención. Perdónate y vuelve a intentarlo, ¿qué tal si hacemos nuestro máximo esfuerzo para mantenernos saludables, para contribuir al bienestar de nuestra comunidad y mantener la salud del planeta?, ¿qué tal si tu acción se suma a la mía y a la de muchos otros?

Se siente bien cuando sentimos gracia porque nuestros dones cambian de forma positiva la vida de los demás, reconocer que deseamos recibir, no para nosotros desde el ego, sino para transformar y crear algo que contribuya al Universo. Conectar con nuestra intuición para descubrir lo que en verdad anhelamos. Principio de generación.

Utiliza los ciclos en la naturaleza, ella nos muestra ciclos constantes que también ocurren en nuestro interior y en nuestros proyectos. Algunas veces hay que hacer una pausa para la reflexión y hay otras ocasiones que es momento de renacer y de actuar.

Cuando logramos que un hábito se encuentre normalizado podemos buscar incorporar otro. Busca herramientas en la programación neurolingüística como las afirmaciones o cualquier otra forma de trabajar con tu inconsciente. La sacerdotisa representa esa conexión con la energía femenina y la intuición.

Cuarto, rompe viejos acuerdos. Busca tu libertad desde la consciencia, no permitas que tus acciones sean el resultado de lo que otros te sugieren o hacen, elige de forma libre qué es lo que quieres hacer. Se trata de que tú diseñes tu vida, establezcas tus creencias y que elijas con base en las decisiones que conscientemente tomas. Recuerda que cuando escogemos tenemos al menos dos opciones y si eliges sentir miedo esa fue tu elección, mejor descubre nuevas formas de mantener tus conexiones, envía tarjetas o mensajes para agradecer a las personas por las cualidades que les admiras. Pasa más tiempo con tus seres queridos, descubre nuevos juegos con ellos, conoce sus platillos, canciones y lugares favoritos, lean un libro o vean una película juntos y platiquen sobre el tema.

Tus palabras crean, elige con cuidado tu vocabulario y cómo lo utilizas. El aire que sale de tu boca al hablar crea un encantamiento, busca que al hacer tus hechizos actúes de forma íntegra contigo misma, tu cuerpo siente si eres honesta, revisa desde qué emoción lo dices, conoce la vibración que utilizas al enviar la señal ya que debe haber una coherencia en todo ello para que el Universo te escuche. El arquetipo del mago hace alusión al dominio, la fuerza, el control y la sabiduría, es aquella persona que sabe que puede cambiar sus circunstancias y conoce cómo hacerlo.

Todos los arquetipos poseen luz y sombra, utilízalos en tu beneficio para que las cualidades que deseas incrementar en tu vida dirijan tus decisiones. Es importante que, antes de trabajar con un arquetipo, conozcas sus fortalezas y sus debilidades. En particular pueden serte útiles los arquetipos de personajes como: Diana o Artemisa, Afrodita, Galadriel en el Señor de los Anillos, las Sacerdotisas de Avalon, la hechicera en la caricatura de He Man, Hermione Granger en Harry Potter, entre otras.

Aquí te dejo algunas formas creativas para invocar las habilidades y conectar con la energía de los arquetipos:

a) Utilizar ropa, joyería y accesorios. Ya sea porque las piedras te recuerden al personaje o por su diseño, coloca el artículo en tus manos y pon la intención de conectar con la energía y las cualidades de ese personaje. Cuando mi hija batallaba con las matemáticas por inseguridad, le sugerí que tocara sus lentes y recordara a Hermione y le pedí que se preguntara ¿cómo actuaría ella?, ¿cómo respondería? Para que, por un momento, se olvidara de sus inseguridades y sintiera la fortaleza del personaje.

b) Crea una lista de canciones. La música te ayuda a vivir la emoción. Al platicar con mi hija me compartió que hace una lista de canciones inspirada en sus arquetipos, puedes utilizar la música para aumentar tu vibración y también para inspirarte. Cuando conversábamos le conté cómo, incluso a mi edad, me cuesta permitirme sentir la sensualidad, recibir cumplidos o utilizar mi sonrisa para negociar. Ella sugirió hacer una playlist inspirada en Afrodita y me compartió la suya.

c) Crea un tablero de imágenes. Conecta visualmente con las características u objetos que te recuerden a ese personaje. Una imagen de un tiro al blanco o diana puede evocarte la capacidad de Diana o Artemisa para lograr tus objetivos. Un sombrero de magia o una capa pueden hacerte sentir la capacidad de crear tu realidad y transformar tus circunstancias.

Cuando me hago cargo de mis emociones, de detener mis pensamientos de lo que creo que puede ser el futuro basado en experiencias negativas del pasado creo un nuevo momento presente. Contribuyamos a vivir momentos extraordinariamente felices, a replicar imágenes de la naturaleza, a transmitir noticias positivas, a que podamos dejar de hablar del miedo desde la comunidad. Aportemos algo para crear una imagen de un futuro mejor. Este momento es el que tienes para crear algo distinto. ¿Qué eliges?

Comencé a notar que, con frecuencia, al recorrer tiendas y ver productos, mi percepción se centraba en el precio, a este hecho se sumaba mi creencia de que el lujo era ostentoso e innecesario, todo ello proviene de una falta de merecimiento y las señales que me lo indicaban, las sentía en mi cuerpo, como si me achicara o se redujera mi energía, me sentía con miedo y ansiedad. Principio de vibración. Lo que he aprendido es que esas emociones muestran que en el fondo hay una programación que me hace creer que no puedo obtener eso. Principio de mentalismo.

¿Cómo puedes vivir una mejor experiencia? Recuerda que las posibilidades son infinitas y tú eres quien crea, sólo hay que cambiar el enfoque, entonces yo te recomiendo:

1. Si ya te percataste de la emoción recuerda que es un viejo programa. Esa vieja creencia te hace revivir la emoción de un tiempo pasado, esa ya no es tu realidad, mejor concéntrate en el presente. Respira y obliga a tu mente a conectar con tus sentidos. ¿Qué ves, hueles o sientes?

2. Expande tu energía, imagina que conectas con la energía de la Tierra y del Universo. Visualiza cómo una luz desciende e ingresa en tu cuerpo por medio de tu chakra corona, desciende por tu columna a la Tierra. Imagina cómo ahora sube la energía a tu plexo solar, a tu ombligo. Imagina un sol y siente cómo esa energía se expande. Cómo comienza a llenar tu cuerpo. Ahora ya debes sentirte mucho más ligera.

3. Quiero que te concentres en el valor del objeto y no en el precio. ¿Qué es lo que hace valioso a ese objeto para ti?, ¿qué beneficios traerá a tu vida y a la de tus seres queridos? No vivas la experiencia desde la escasez o desde lo que otras personas consideran que es valioso. Lo que tú valoras de ese objeto le dirá a tu inconsciente que te lo mereces y elevarás tu autoestima al actuar con integridad y coherencia con tus valores.

4. Permite que el Universo te sorprenda. Imagina cómo sería obtener ese artículo o pagar por él, cuando lo hagas trata de sentir cómo te conectas con la abundancia del infinito. Como si estuvieras en el fluir del agua y así como entregas recibes.

Cuando éramos niños muchas veces nos hicieron creer que los objetos eran más valiosos que nosotros, a otros niños les dan juguetes y se les pide que los cuiden porque están muy bonitos. Conozco a una adolescente que guardó sus muñecas en su caja porque eran de colección, ¿acaso un juguete no está hecho para ser usado? A algunos sus padres les pedían sacudirse muy bien los zapatos antes de subir al carro e incluso llegaban a poner algo en el asiento antes de que se sentaran. ¿Recuerdas haber visto salas con fundas? Parece que compramos objetos para no utilizarlos porque tenemos miedo de no poder volver a hacerlo y también es creencia de falta de merecimiento.

Lo que a otra persona le funciona puede que no sea adecuado para ti, lo que alguien elige como una creencia puede que tu cuerpo no esté listo para recibirla. Podemos realizar muchas afirmaciones pero, si no hemos trabajado en eliminar las creencias limitantes y emociones atrapadas del pasado, nos autosabotearemos. Pareciera que elegimos que alguien más tome el control de nuestra vida.

Hay que permitir que salga la emoción, atenderla y escuchar lo que nos quiere mostrar.

Te explicaré: imagino que a ti también te enseñaron que sentir envidia era algo muy malo, sin embargo, las emociones no son buenas ni malas son guías y señales que nos permiten conocernos mejor y guiar nuestro camino. Ellas poseen una vibración y unas son más altas o ligeras —como el amor y la alegría—, otras más densas o pesadas —como la ansiedad o el miedo—. Experimentar envidia sirve para que te preguntes: ¿qué es lo que esa persona está haciendo que yo quisiera hacer?, ¿qué hábitos, prácticas o creencias me impiden o me limitan para hacerlo? Lo que intento decirte es que al poner un poco de luz en la sombra puedes incorporarla a tu ser y obtener más.

Prepara tu viaje, haz un plan de vida, rodéate de aquellas personas que tengan las características o las habilidades que deseas incorporar o que buscan objetivos similares, lee sobre quien ya ha hecho algo similar, descubre mentores o guías, contáctalos o aprende de lo que han escrito. Toma el control de tu vida, planea tu ruta, tu destino y disfruta el viaje.

Te voy a pedir que en este momento escribas el siguiente ejercicio en una hoja: Describe fortalezas y debilidades de tu padre, de tu madre y las tuyas, si te cuesta trabajo intenta completar la frase "mi padre es" y escribe lo primero que venga a tu cabeza. Cuando hayas completado tu lista obsérvala desde la unicidad, todos provenimos de la misma fuente. Principio de generación. Cada uno de nosotros experimenta la vida desde su esencia pero en el origen somos uno. Tú, al igual que tus padres responden a los acontecimientos de la vida a partir de creencias, conexiones e ideas que fueron heredadas, transmitidas y aprendidas, lo mismo te pasa a ti. Es como si se corriera un programa y se repitiera sin fin.

¿Quieres salir del bucle? Transmuta la emoción, cámbiala y reconoce lo que generó la herida del patrón y de manera consciente y amorosa elige otra que vibre más alto, como el agradecimiento o la compasión. Revisa tu historia sin caer en juicios, deshazte de tus expectativas y de la polarización, vuelve a tu historia y acéptala como lo que fue, una serie de acontecimientos que permitieron que hoy tengas otra forma de ver el mundo y de enfrentar las circunstancias. El hecho de que estés leyendo estas líneas implica que una parte de ti se cuestiona ¿cómo puedo cambiar?, ¿qué más puedo hacer con esto? Agradece por la experiencia, por cada peldaño que te llevó a donde te encuentras, esos sentimientos que aún te generen dolor o angustia tómalos y ponles la luz de la compasión. Imagina que los llevas a tu interior y, desde tu corazón, envíalos transformados en aceptación y agradecimiento. Imagina que toda esa sombra es la tierra en donde las raíces toman los minerales y nutrientes para que el árbol crezca, esa sombra es lo que te hace crecer.

Integra tu sombra, acéptate como eres con toda tu historia para que surja la luz de esa experiencia y sabiduría, conviértete en un ser completo. Intenta practicar el Ho'oponopono con la situación: perdóname por juzgar, siento haber tenido estas expectativas, gracias por haberme mostrado, te amo. Permite que tu luz, ilumine tu vida y sea inspiración para los demás.

Integra el hábito de sentir agradecimiento, él nos permite transmutar una situación y decirle con claridad al Universo qué es lo que sí queremos en nuestra vida. Al agradecer por algo enviamos con claridad el mensaje "dame más" de lo que invoco con la palabra, no puedes sentir dos emociones a la vez, dos cosas no pueden ocupar el mismo espacio, cuando agradeces tu vibración aumenta.

Agradecer no es simplemente enunciar. Se trata de experimentar la emoción de gratitud, de permitir que nuestro cuerpo experimente los cambios químicos generados por el sentimiento de valorar lo que experimentamos. Principio de vibración. Cuando agradezcas hazlo desde el corazón y permite que cada una de tus células comprenda el mensaje y su importancia, la oportunidad, la persona u objeto por el que agradeces.

Tómate un espacio para incluir diariamente esta práctica. Puede ser al momento en que limpias y, mientras frotas el objeto o el mueble, recuerda lo que significa para ti, piensa en el primer momento en que lo recibiste, lo mucho que disfrutas la calidad de vida que te brinda. Incorpora rituales especiales para agradecer, elige un momento para ti, tú bebida y tu música preferida, enciende unas velas, permítete vivir experiencias que para ti evoquen un momento especial de conexión.

Incluye detalles lujosos desde el merecimiento, escoge un papel especial que utilizarás para escribir lo siguiente:

Da gracias por el presente, por lo que lo posees, experimentas o por las personas que llegaron a tu vida. Da gracias por lo que no sucedió incluso cuando se alejó el resultado de tus planes, con una actitud mental positiva encontrarás la forma de ver lo bueno de la situación, el "para qué", de la crisis o la sabiduría que traía esa situación no esperada, haz un listado de al menos diez experiencias, personas y objetos que este año hayan estado en tu vida y sean valiosos para ti. Escribe al lado de cada una de ellas en qué encuentras su importancia.

Agradece por el pasado que te brindó la oportunidad de encontrar un camino distinto. Hoy eres esta versión de ti gracias a tu pasado, lo que está en tu vida hoy es resultado de tu versión del pasado. Principio de causa y efecto. Agradece las elecciones que tomaste, las personas que se presentaron en tu vida y que lograron impactarte para provocar un cambio, agradece tu esfuerzo, tu disciplina, revisa qué fue lo que sí te funcionó y haz más de aquello.

También experimenta la gratitud al visualizar el futuro que, con claridad y detalle, quieres que se presente en tu vida, da gracias por aquello que en este momento presente visualizas y permite que tu cuerpo viaje a esa versión del futuro y sienta ¿cómo sería caminar ahí?, ¿qué aromas hay?, ¿cómo se siente mi cuerpo?, ¿quiénes me rodean? Ese futuro está ahí en el Universo de múltiples posibilidades y te corresponde a ti acercarte a él, tú eres quien crea la realidad que experimentas, trata de hacerlo al expandir tus posibilidades, ve al siguiente nivel de la experiencia, tú eres quien decide prestar atención a lo que sucede en tu vida. Interrumpe los hábitos exigentes de ponerte límites o de quejarte y cámbialos para practicar el agradecimiento y experimentar la gratitud.

En este momento te invito a hacer tu ritual para recibir un nuevo ciclo en tu vida e inicia una lista en la que agradezcas por aquellas personas, situaciones, objetos y oportunidades en tu vida en el pasado, en tu presente y en el futuro. Así reconocerás que tú tienes la fuerza para salir adelante de cualquier situación, pues ya lo has hecho con anterioridad. En el momento presente vivirás la emoción con la más alta vibración: la gratitud y sembrarás la semilla del futuro que sí deseas. Hazte una carta a ti misma como si tu yo del futuro ya hubiera vivido esas experiencias y agradece por lo que ya sucedió, vive en tu mente cada una de esas circunstancias que deseas como si ya hubieran pasado, son tuyas.

Comparte esta emoción, sé agente de cambio en la vida de quienes te rodean y busca enviar una nota de agradecimiento a tres personas que hayan dejado un impacto, que las admires o que te hayan ofrecido su apoyo o ayuda. Hazles ver que su acción dejó una huella en ti, contribuye a que más y más personas experimentemos la gratitud.

EL VIAJE DEL HÉROE, CICLOS QUE SE REPITEN

Joseph Campbell, escritor y autor de varios libros que abordan los mitos y la experiencia del ser humano, ha influenciado muchas historias modernas, entre ellas las sagas de *Star Wars* o *El señor de los anillos*. Campbell realizó un estudio de los mitos contenidos en las cosmovisiones y en las culturas del mundo, así creó el concepto del viaje del héroe. La historia del héroe tiene como elementos: el viaje, la heroína o el héroe, el conflicto y la transformación.

El conflicto es el caos que rompe con la estructura conocida y produce una transformación para quienes lo viven y es muy cierto, cualquier crisis o conflicto nos permite madurar, crecer y poner en práctica lo que hemos aprendido para salir de esa circunstancia, lo importante es tener la actitud de ver en el caos la oportunidad para cambiar y mejorar.

Las crisis son una invitación a iniciar el viaje del héroe, en él no estás sola o solo, el Universo te sostiene y colabora para tu bienestar. El conflicto o la crisis es como ese dragón que esconde un tesoro, una enseñanza. Una vez que has hecho las paces con tu sombra y has trascendido la emoción el dragón es tu amigo, es tu fuerza, ahora posees la sabiduría y ese dragón está dispuesto a ayudarte en tu viaje y en las siguientes crisis o conflictos.

Recuerda que eres el héroe o la heroína de tu historia, en ella habrá muchas crisis o dragones que esconden tesoros, lecciones y sabiduría a tu alcance pero sólo si estás dispuesta a aprender y a cambiar. Por ello son ciclos, una vez que sales de la crisis es momento de recopilar el conocimiento, crear bases sólidas y sembrar para darle un regalo a tu yo del futuro. Se requiere vivir el presente, ese es el reto y también el secreto.

Al diseñar tu realidad es importante tener en cuenta los siguientes puntos:

a) No tengas expectativas del resultado, eres una pieza en el plan del Universo. El Plan divino tiene un lugar para ti, si no obtienes lo que deseas ten la seguridad de que habrá algo mejor y eso llegará cuando termine tu preparación. Hágase tu voluntad y no la mía.

b) Hay dos cosas que puedes controlar: invertir en tu desarrollo personal es la clave del éxito y cómo respondes a lo que se te presenta. Es estar listo para cuando seas llamado a jugar el papel que el Plan divino tiene para ti.

c) Trabaja en tu conexión espiritual, en tu equilibrio, sé consciente de tus apegos, tus hábitos y de las creencias que te limitan e impiden que alcances tu deseo.

d) Siempre elige vibrar en amor, revisa lo que te rodea. Elige que las personas, los objetos, el espacio y la música en tu entorno te ayuden a sentirte bien, en paz y en amor. Limpia tus espacios, vacía tu clóset, regala o tira aquello que ya no usas o que no te evoca recuerdos positivos.

e) Sé una persona íntegra. Revisa tus valores, es un gran momento para analizar la vida que llevábamos y darnos cuenta de qué repetíamos porque pensábamos que así tenía que ser. ¿Ya sabes lo que sí te gusta? Alinea lo que haces, en qué gastas tu dinero y cada una de tus elecciones para que sean congruentes con tus valores. Ser una persona íntegra te ayudará a elevar tu vibración y aumentará tu capacidad para recibir bendiciones.

f) Descubre lo que te apasiona, tu propósito de vida y esfuérzate para contribuir con tus dones y cualidades al Plan divino.

g) Cuando tengas que tomar una decisión entre varias opciones elige lo que te lleve más cerca de tu objetivo, lo que se apegue a tus valores y, cuando dos opciones sean similares elige la que más impacto tenga. Se trata de hacer lo correcto aunque requiera esfuerzo y cambiar hábitos. No elijas lo de siempre, lo que es fácil o divertido.

h) Practica la gratitud en el momento presente. Ahora es lo que es real en tu vida, tu vibración depende de las emociones que experimentes ahora. El presente es una oportunidad para sembrar la semilla del futuro.

i) Trabaja para eliminar los obstáculos en tu interior que te impiden ser la mejor versión de ti.

El conflicto nos transforma, pero tú puedes elegir llenarte de los ingredientes para la mejor transformación posible. Se trata de salir del conflicto con madurez, aprendizaje y sabiduría. Se trata de ser la mejor versión posible para sanar la experiencia. Joseph Campbell habló del viaje del héroe y de cómo el protagonista de la historia es invitado o llevado a salir de lo ordinario para entrar en lo desconocido y resolver un problema al hacerlo obtiene un regalo. Después, el héroe emprende el regreso y pone en práctica el regalo o don. Nuestra vida está y estará llena de conflictos y crisis para sacar lo mejor de nosotros, depende de cada uno de nosotros cómo entrar a lo desconocido y los ingredientes que ponemos en nuestra transformación.

La película de *Frozen II* de Disney encierra mucha sabiduría y enseñanza espiritual, reúne los elementos de una historia, el viaje, las heroínas, el conflicto, la transformación. Me centraré en tres puntos de la historia para hablar de tu potencial, construir tu realidad y diseñar tu futuro:

1. La afirmación el agua tiene memoria. Esta afirmación se basa en los nuevos descubrimientos científicos. Es importante visibilizar que nuestro cuerpo está compuesto en su mayoría por agua. También que sepamos que científicos como el doctor Masaro Emoto demostraron que las circunstancias que rodean a la molécula del agua la transforman. Es decir, un entorno bello con una emoción de amor hace que la molécula de agua se comporte de forma distinta a como lo haría en espacios llenos de odio. Hazte consciente de que el entorno te afecta y procura estar en uno armonioso, siempre elige la calidad del contenido que entra por tus sentidos, elige el amor y la armonía.

2. En la trama se asegura que el conflicto genera una transformación para quienes lo viven y es muy cierto, cualquier crisis o conflicto nos permite madurar, crecer y poner en práctica lo que hemos aprendido para salir de dicha circunstancia. Es la oportunidad para resolver el conflicto, cambiar y mejorar. Se trata de responder a las circunstancias y tomar todas las herramientas de lo aprendido con anterioridad y en lugar de reaccionar desde las emociones de miedo, ira, enojo a lo que se presenta. Podemos ver el conflicto y preguntarnos ¿por qué me pasa esto a mí?, aunque ello sólo te colocará en el papel de víctima y el mundo que te rodea te tratará de la misma manera. Por el contrario, ante un conflicto puedes posicionarte como un observador, ¿para qué la vida me está mostrando esto?, ¿qué es lo que puedo aprender de esta experiencia? Cuando vivimos el conflicto es muy difícil mantenernos en estado de observador, en algunos casos es suficiente hacernos cargo de nuestras emociones. Pero con el paso del tiempo podremos conocer la sabiduría que trajo esa crisis. Ese reconocimiento de la aportación que tuvo a nuestra vida nos

hará más fuertes y nos ayudará a saber que fue un paso en nuestro camino para prepararnos para la siguiente etapa.

3. Se habla de los 5 elementos que integran el Universo y que son necesarios para la continuación de la vida. Albert Einstein rompió con la idea lineal del tiempo. La física cuántica nos explica que la materia es energía, que lo sólido es una ilusión, todo vibra, todo está en movimiento. Que el tiempo es relativo y que el observador influye en la realidad y en la percepción de la misma. Que hay un campo en el que se genera todo en el Universo y con el cual nos podemos conectar. En su libro *Las siete leyes espirituales del éxito* Deepak Chopra afirma que estamos hechos de energía pura y podemos conectarnos con ese campo de potencialidad que todo lo crea.

Poseemos una maquinaria perfecta, nuestro cuerpo recibe una idea (elemento éter), que nos permite crear y modificar la realidad (elemento tierra). Para ello, hay que depurar un pensamiento, llenarlo de detalles e imaginar el bien que traerá para nosotros y para quienes nos rodean. El pensamiento se vuelve palabra (elemento aire) y nos permite conectar con nuestras emociones (elemento agua), las más altas como el amor, la compasión y la gratitud permiten que nuestra vibración sea más elevada —recuerda que somos energía—. Procura visualizarte al momento de vivir la experiencia, como si ya hubiera ocurrido, oler el lugar, ver la ropa que llevas puesta, escuchar a quienes te rodean y experimenta las emociones que te produce alcanzar el objetivo. Por último, llega el paso de la acción (elemento fuego) una vez que hemos diseñado, visualizado.

En la naturaleza todo es un ciclo, nada se repite, tú no estás nunca en el mismo lugar porque la Tierra se mueve en el Universo como en Espíral. Principio del ritmo. Cada etapa, cada ciclo se repetirá si lo haces desde la consciencia, cada vez lograrás acumular más conocimientos y herramientas y también profundizar en la comprensión de los temas.

Cada cierto tiempo celebra tus victorias. Tómate un momento para agradecerte al leer este material. Las circunstancias en tu presente son resultado de tu experiencia del pasado. ¿Cómo eras hace dos años?, ¿cómo eran tus pensamientos en un día?, ¿qué emociones experimentabas?, ¿tenías la costumbre de agradecer?, ¿tenías la costumbre de meditar?, ¿cada cuánto tiempo meditabas? Esta versión de ti es distinta a la que eras hace dos años, tu vibración y conocimientos son otros, celebra el futuro. Tú ya no eres esa persona.

¿YO TENGO EL PODER?

La película de los Estudios Pixar llamada *Onward* y traducida al español como *Unidos* encierra un gran mensaje: todo lo que necesitas ya está en ti. La trama se ubica en un mundo de fantasía donde elfos, hadas, centauros, cíclopes y otros personajes mitológicos conviven en una realidad en la que olvidaron sus cualidades, su poder y su magia. La historia se centra en dos personajes adolescentes que inician una búsqueda para intentar obtener un día con su padre.

Me pareció una gran historia que contiene las siguientes lecciones importantes:

1. La población en general ha olvidado el poder que tiene. A algunos personajes en la trama se les tiene que recordar lo que la historia dice que podían hacer, sin embargo, no se sienten capaces de realizar dichas proezas y piensan que son sólo historias sin fundamento.

2. La historia se centra en la magia, en aquellos acontecimientos que en su cotidianidad parecen poco probables o imposibles por desafiar la lógica. Arthur Charles Clarke dijo: "la magia es sólo ciencia que no entendemos aún", durante la travesía a los adolescentes se les presentan retos y, para vencerlos, deben dejar atrás lo que consideraban que era posible, ampliar sus posibilidades y comprender los elementos para hacer magia.

3. Se recalca el hecho de que, para que la magia tenga fuerza y sea posible la persona debe ser íntegra y honesta. Quienes conocen la Ley de la Atracción saben la importancia de cuidar sus palabras porque se convertirán en tu realidad. Ese poder para manifestar de forma efectiva sólo es posible

sí tú lo crees. Cuando mentimos hacemos promesas que no se cumplen y dejamos de cuidar lo que expresamos con nuestras palabras así ellas pierden fuerza y nosotros perdemos nuestro poder. La Ley de la Atracción y el poder de manifestar para atraer a nuestra vida aquello que deseamos sólo funciona si creemos en nuestra capacidad y el poder de lo que decimos conscientemente. El inconsciente debe creer y saber que lo que decimos se cumple.

4. Uno de los adolescentes reciente la ausencia del padre a un nivel muy profundo, por ello es tímido e inseguro. No obstante, durante la trama se da cuenta de que todo lo que buscaba y creía que le había hecho falta ya estaba ahí. A veces vamos por la vida sin reconocer que nuestros padres nos dieron ya todo lo que tenían para dar, y buscamos en el exterior el reconocimiento, el amor o la fortaleza. Todo lo que deseamos ya está en nuestro interior sólo tenemos que verlo.

5. La magia existe. Paulo Coelho afirmó "la magia es un puente que te permite ir del mundo visible hacia el invisible y aprender las lecciones de ambos lados". En esta historia de personajes extraordinarios que llevaban vidas ordinarias y olvidaron su poder, se confrontaron las creencias de lo que es la realidad para ver la magia en sus vidas. Una vez que recuerdan su poder y sus habilidades conscientemente eligen vivir su vida y utilizar lo mejor de ambos mundos.

Recuerda que tus circunstancias son el reflejo de tus hábitos, creencias y acciones del pasado. ¿Cómo obtener en tu vida los cambios que tanto deseas? Albert Einstein nos mostró que nadie puede resolver un problema con el mismo nivel de pensamiento o consciencia que lo creó. Imagina a una persona que pasa la vida contando su historia como si el Universo estuviera en su contra, las cosas aún no le han salido pero ya le saldrán cuando el Universo lo disponga, tus creencias te hacen ver el mundo de una forma pero no es la única.

Cuando estás dentro de una situación en la que inconscientemente reproduces un arquetipo, en este caso el de víctima, muy difícilmente puedes observar tu responsabilidad, la dificultad reside en que nuestras acciones y hábitos forman patrones que se encuentran dominados por creencias que aún no hemos hecho conscientes y las cuales no reconocemos. Se trata de reinventarnos constantemente para obtener y alcanzar otros resultados, por eso la importancia de leer, escuchar y aprender de los demás y de sus puntos de vista.

¿Cómo me puedo reinventar? Primero te pido que recuerdes lo siguiente:

1. En la vida lo que debemos disfrutar es el proceso más allá del resultado, si no te gustó el final modifica el camino y experimenta nuevamente.

2. Haz del fracaso tu amigo. Cuando tomas la actitud de aprender del fracaso interrumpes el patrón de víctima porque te haces responsable de tu proceso y ves la posibilidad de lograr resultados distintos en ti.

3. Tu realidad es la consecuencia de lo que en el pasado pensaste e hiciste, de acuerdo con el Principio hermético de causa y efecto. El presente es el mejor momento para crear un futuro distinto.

4. Hazte consciente de tus creencias, revisa ¿cuáles son benéficas para ti?, ¿qué creencias te ayudan a sanar?, ¿qué creencias ocasionan que sientas miedo, ansiedad y carencia? Para que sea más fácil incorpora nueva información que te sirva para conocer otras formas de pensar. ¿Cómo piensa el tipo de persona en la que me quiero convertir?, ¿qué creencias, destrezas o herramientas poseen?

Te pido que tengas muy presentes estas cuatro premisas para que durante tu proceso de cambio puedas tener generosidad contigo, tú puedes enviar una señal fuerte y clara al Universo, para hacerlo requieres prestar atención en aquello que perciben tus sentidos, nutre a tu cuerpo, tu salud, tus pensamientos y tus palabras. ¿Qué te sugiero para iniciar cambios? Te obsequio el PDF "Planeación diaria" que te ayudará a organizar tu día desde lo que es valioso para ti, en él podrás integrar el agradecimiento y la visualización.[20]

Crea una estructura diaria que se encuentre alineada a tus objetivos. La repetición diaria, al menos después de 30 días, creará nuevas conexiones mentales eso te permitirá experimentar el resultado de dichas prácticas. Joe Dispenza en su libro *Evolve your Brain* explica detalladamente cómo funciona nuestro cerebro nos describe cómo la mayoría de nuestras acciones son consecuencia de una "programación" implantada por otros: ya sea por herencia, enseñanza o por exposición repetitiva.

Dedica tiempo para meditar, es fácil y se puede realizar de diversas formas. El objetivo es que logres detener la charla interior tóxica que busca hacerte ver que no lo has hecho bien, que no eres suficiente, que te hace sentir mal acerca de ti y te genera emociones como culpa o vergüenza. Cada vez que las emociones te inunden, tú decide no sumergirte en la corriente de pensamientos negativos y opta por meditar. El simple hecho de acallar tu mente y buscar paz logrará que tus pensamientos en el presente sean cada vez más armoniosos. El tiempo que ocupas en meditar es un nuevo ciclo de pensamientos y emociones y lo que haces es sembrar un nuevo patrón para el futuro. Existen meditaciones que además te proveen de nueva información que se dirige a programar tu inconsciente. Si tú conscientemente puedes autoprogramarte para poseer creencias más favorables para tu bienestar, si trabajas en un nuevo concepto o creencia por, al menos, 21 días consecutivos lograrás construirte un nuevo punto de vista.

a) Inicia por ti. Cuidar de ti todos los días propicia que generes sustancias químicas como la dopamina y la seroto-

---

20 Para acceder a tu planificador visita https://espirituamatista.com/ en el menú haz click en tienda y descarga completamente gratis tu Planeación Diaria. Subscríbete y deja tus comentarios en la página, me encantará leerte.

nina, son los neurotransmisores responsables de que experimentes placer y felicidad. El hecho de meditar, hacer ejercicio, tomar algo saludable y otros hábitos que te otorgan beneficios diariamente tendrá resultados positivos en tu relación contigo.

b) No es suficiente con leer información. Si quieres conocer respecto de un tema o si te interesa mejorar tus aptitudes en algún área elige aprender de forma significativa, es decir, además de leer la teoría o los conceptos, ve películas, lee biografías de personas que hayan logrado o vivido aquello que deseas. Cada vez que tu cerebro se expone a información distinta y la percibe por diversos sentidos construye nuevas conexiones cerebrales, ese conjunto de experiencias permiten que puedas conectar la información, observa cómo la puedes integrar a lo que ya sabes y entonces habrás obtenido la sabiduría.

c) Contempla el resultado que deseas e imagina ¿qué tipo de personas lo obtienen? Ahora trata de imaginar lo que se siente caminar, vestir, pensar, leer y comer lo que esa persona vive. En inglés existe la frase *Fake it, until you make it*, "Finge hasta que lo seas", ¡qué tan cierta es!, pues permite que tu cuerpo pretenda ser esa versión mejorada de ti hasta que se hayan creado las suficientes conexiones cerebrales que permitan que te sea natural.

Tú eres quien está en control de tu proceso y de tu vida, disfruta y experimenta reinventarte, no esperes a que el futuro te traiga circunstancias distintas, cambia tú, reinvéntate y las obtendrás.

Resiliencia en tiempos de adversidad

La vida nos pide adaptarnos a las circunstancias que nos rodean. Ahora quiero hablarte de la importancia de desarrollar la resiliencia. El concepto de resiliencia se originó en la física para describir la capacidad que tiene un material para retomar su forma después de haber sido sometido a una presión, también se utiliza para describir la habilidad que posee una persona para afrontar y superar circunstancias difíciles, es una habilidad que podemos y debemos desarrollar. Ser resilientes no significa que la vida dejará de ofrecerte retos sino que tendrás las herramientas para hacer frente a esas adversidades con mayor entereza.

Recientemente vivimos circunstancias nuevas y distintas, rompimos hábitos, rutinas y esquemas. Es importante dotar a nuestras hijas e hijos de herramientas para que sean resilientes. La epigenética estudia cómo nuestras experiencias modifican nuestro ADN y son heredables, si deseas conocer más al respecto te invito a escuchar el episodio de nuestro podcast, el programa 5 de la temporada 1 con Mariana Salgado B. Doctora en Ciencias Biomédicas Básicas por la Facultad de Medicina de la Universidad Autónoma de San Luis Potosí. Las generaciones que nos antecedieron nos transmitieron en su ADN esos momentos extraordinariamente difíciles que vivieron y dejaron en nosotros un filtro por el que vemos la vida y que no nos pertenece. Existen, hábitos, patrones y creencias heredados que no responden a las circunstancias del presente y que son el resultado de esas improntas genéticamente heredadas, aprendamos hoy del pasado y desarrollemos un futuro distinto donde nos aseguremos de fomentar la resiliencia.

Compartiré contigo algunos puntos que espero te puedan ayudar a tener resiliencia durante momentos de adversidad, cada punto es una invitación para que cuestiones las creencias que posees, descubre si son heredadas, aprendidas o son resultado de condicionamientos sociales. Investiga si existen datos científicos que puedan sustentarlas, analiza si incorporar estas creencias te ayudará a vivir de manera más resiliente o a tener mayor bienestar, actúa y elige con qué creencias deseas construir tu futuro.

1. En la naturaleza hay una inteligencia. No tienes que ordenarle a tu cuerpo respirar ni ocuparte en dar instrucciones

a tus células. La naturaleza es perfecta y busca el sustento de la vida, vemos imágenes de cómo en pocos días de ausencia de humanos la ha restaurado. Confía en que aún y cuando parece que es un caos, todo tiene un orden y está orientado al bienestar, adopta la creencia de que las cosas suceden para tu bienestar, aprende a preguntar ¿Para qué me sucede esto?, ¿qué puede enseñarme esta situación?, ¿qué es lo bueno de esto que no he visto?

2. Nadie da lo que no se da así mismo. Aprovecha este momento para fomentar tu autoestima, tu amor propio, para que continúes dando lo mejor de ti para los demás. Cualquier proyecto inicia con una fase de planeación, este tiempo es propicio para la reflexión, introspección y conocimiento personal. Hemos dejado de reproducir patrones y hábitos. Nos hemos dado cuenta de que lo más valioso se encuentra en lo que veíamos como ordinario, en la familia y en lo que ya tenemos en casa. Es un espacio para ver nuestros apegos y elegir aquello a lo que le damos valor sin condicionamientos sociales. Se trata de vivir la vida que tú eliges y no lo que los medios, la sociedad u otros eligen por ti. En familia pueden hablar de los valores que desean que formen parte de su guía, cuando conoces los valores que consideras importantes se hace más fácil elegir.

3. No se trata de competir sino de cooperar. Lo que te afecta a ti me afecta a mí. La competencia proviene de la energía masculina. Hoy hemos visto un resurgir de la energía femenina, la creatividad, la conexión y el sentido de que todos estamos unidos. Hoy vemos que cada acción cuenta y muchos encuentran su motivación al permanecer en casa, en cuidar a los demás. Seamos conscientes de nuestra conexión, de que estamos interrelacionados y busquemos el bienestar del otro. Hoy la ciencia nos explica cómo en la naturaleza existe la cooperación como una forma de supervivencia. Hemos dejado atrás la idea de la supervivencia del más fuerte, ya nos dimos cuenta de que es falso decir que el fin justifica los medios. Hoy sabemos que se trata de alcanzar nuestro objetivo sin perder áreas importantes de la vida en el camino. Hoy sabemos que el éxito

en el trabajo a costa de perder la salud o la familia no es la felicidad.

4. Una herramienta importantísima es la inteligencia emocional. Que nuestros hijos puedan hablar de sus emociones, que en familia podamos hablar de nuestras inseguridades, fallas y miedos. Que no tengamos miedo a fallar y a dejar que nuestros seres queridos nos vean como somos en verdad. Se trata de ser auténticos, de saber que me aman y me aceptan por quien soy, sin condiciones. De decirles a nuestros hijos e hijas lo mucho que los amamos simplemente por el hecho de nacer y que no necesitan hacer nada para ganarse nuestro amor. Hoy podemos hablar de culturas institucionales en donde el éxito proviene de abrazar las fallas, de analizar el error y corregirlo, de aprovechar la enseñanza de la experiencia, vivir se trata de cometer errores, lo importante es aprender de ellos y volver a experimentar en búsqueda de resultados distintos.

5. Incorporar prácticas para mantener nuestro equilibrio. La ciencia y la física cuántica nos hablan de que todo es vibración. Somos energía, frecuencia y vibración. Conscientemente podemos cuidar de elevar nuestra vibración. Meditar es una forma de controlar el diálogo interior, de aprender a acallar esa voz que nos lastima con frases negativas —no eres suficiente, no eres valioso, siempre te equivocas, no lo lograrás—. Meditar nos ayuda a conectarnos con nosotros mismos. Hoy existen muchas meditaciones guiadas y puede ser una práctica familiar. La música, los colores, los aromas y los ambientes que nos rodean también pueden ser herramientas para aumentar nuestra vibración. Existen muchas páginas que ofrecen la descripción de las distintas frecuencias y su utilización ya sea para la concentración, la sanación o el amor. El agradecimiento es una forma genial para aumentar la vibración. En cuanto sientas que el miedo o la ansiedad te invaden da gracias por: lo que ya tienes, los objetos que te rodean, las personas en tu vida, las oportunidades, la salud, el amor. Da gracias por lo que el futuro te depara, da gracias por tu pasado, agradecer ayuda a vivir en el presente y atrae

más de aquello a tu vida. Existen muchas otras prácticas para elevar tu vibración, puedes explorar la que a ti más te acomode.

6. Valora la energía femenina. Incorpora de forma definitiva en tu vida la creatividad, el juego, el esparcimiento, las conexiones profundas que provienen de la energía femenina, es sanadora, permite que quienes te rodean se conecten con su lado artístico y su creatividad. Hoy es momento para jugar en familia, pintar, reír, bailar, entre otras, que esta práctica quede para siempre instaurada.

7. Reinvéntate. Lo único cierto en esta vida es el cambio, hoy toma la decisión consciente de elegir tus creencias, acciones, hábitos y el tipo de personalidad que deseas ser; para después revisar nuevamente y reinventarte. La adaptación y el cambio es lo que nos permite fluir con las circunstancias que la vida nos presenta.

8. Adopta un vocabulario para la sanación. Tus palabras crean turealidad,buscaconocernuevosconceptosquebeneficientu salud física, mental y emocional. Descubre cómo funciona tu cerebro y tu cuerpo, utiliza las afirmaciones para deshacerte de los programas grabados en el inconsciente, para adoptar nuevas creencias y fortalecer aquello que deseas en tu vida. Puedes encontrar muchas páginas y audios de afirmaciones encaminadas a propósitos como: la prosperidad,[21] la autoestima, la salud, el éxito o vivir en paz, limpia tu cuerpo de aquello que ya no te sirve y elimina emociones de manera frecuente.

9. Busca tu desarrollo personal y no la comparación con otros. Cuando comparamos perdemos pues dejamos de vivir el presente. La única comparación válida es contigo, se trata de que hoy seas una mejor versión de lo que fuiste ayer y no se trata de tener una vida perfecta, no la hay,

---

21 La prosperidad con frecuencia se relaciona con el éxito, el desarrollo favorable y el bienestar de la persona. Me refiero al bienestar en un sentido amplio y holístico vinculado a la felicidad, no limitado a posesiones materiales. Desde la práctica del agradecimiento la situación se verá distinta. Como el ejemplo del vaso medio lleno o medio vacío desde la perspectiva del observador. Quien decide calificarlo como medio lleno siente abundancia y prosperidad conecta con esa energía ligera y expansiva con lo que atraerá más de eso a su vida. Por el contrario, quien elige verlo vacío centra su atención en lo que cree que le falta, en la carencia y desde esa vibración densa y pesada atraerá más de eso a su vida.

se trata de ver lo que te funciona mejor a ti, de ser generoso con tu lenguaje interior. Asumimos nuevos retos, nuevos esquemas, convivimos de formas diversas sin salir de casa. Ahora encaminar la educación de nuestros hijos e hijas privilegia su estabilidad emocional y su desarrollo personal. El objetivo académico será atendido generacionalmente en su momento, no te preocupes por alcanzar las metas fijadas para este año escolar, ellas se fijaron en otro escenario y en su momento se evaluará y se tomarán las acciones necesarias para alcanzar el desempeño académico. Hoy ocúpate de brindar herramientas para que tus seres queridos construyan su autoestima, que tengan estabilidad emocional y se sientan seguros y amados.

10. Trata de ver lo maravilloso que te presenta esta situación. Hablemos de nuestras inseguridades, nuestros miedos y nuestra ansiedad, pero también hablemos de las oportunidades que ofrece esta experiencia. Sí, puedes hablar de lo bueno que hay en lo malo. El caos es el inicio de la creación. Las crisis también nos traen algo bueno.

Soy lo que elijo ser

Carl Jung afirmó "Yo no soy lo que me sucedió. Yo soy lo que elegí ser". Esta frase tan interesante abre un abanico de posibilidades y encierra un desafío. Una de las posibilidades es perdonarte por los errores, fallas y decisiones del pasado. Muchas veces vamos por la vida cargando culpa, vergüenza y etiquetas que responden a circunstancias del pasado. Hoy no soy quien era en mi infancia ni veo el mundo con la rebeldía y arrogancia de la juventud. Si nos observamos podemos ver que hay una esencia que nos acompañó siempre, también, con seguridad podremos encontrar hábitos, acciones y gustos que ya no están presentes. Es ahí, en ese cambio, en esa diferencia en donde podemos encontrar la oportunidad del auto perdón.

Sí, hoy veo el mundo de forma distinta gracias a la sabiduría que trajeron las fallas. Sí, hoy elijo de manera distinta porque poseo creencias, valores e información diferente. Entonces hoy mi personalidad es otra porque elijo y actúo con base en otras creencias. Hoy, ya no soy esa persona que fui ayer. Esa parte de mí ya no existe. Al reconocer tu propio crecimiento, tu versión presente, las creencias que voluntariamente incorporaste y los hábitos que con intención reproduces diariamente, descubres tu poder personal. El poder que te permite: elegir cómo deseas mostrarte al mundo, autodefinirte y transformarte.

Descubres la posibilidad de ser quien decidas ser. De iniciar una nueva versión de ti y experimentar ver la vida con otros ojos. El desafío consiste en tomar consciencia plena de tus decisiones, de las creencias que posees y de tus hábitos, de evaluar si lo que creíste te ayuda a vivir en bienestar o contribuye a que sientas que la vida se te va en atender urgencias y en reaccionar. Al observar el efecto de nuestras creencias y hábitos podemos descartar, incorporar o adecuar. Elegir con consciencia aquello que deseamos creer para detonar nuestras costumbres y acciones, poner cuidadosamente los cimientos de tu vida y de la personalidad que deseas adquirir.

Cuando sabes qué es lo que te agrada y eliges las cualidades que deseas adquirir, puedes buscar en otras personalidades los rasgos y hábitos que consideras que le identifican. Puedes leer la información que una persona con esas cualidades leería, propiciar un cambio en nuestras creencias e incorporar nueva información, recordar que de nada sirve quedarse con las ideas si no inicias la acción, tomar el control de tu vida, conocerte profundamente y elegir cómo deseas presentarte ante el mundo.

Hoy, ya no eres la persona que fuiste ayer y puedes elegir quién serás el día de mañana. Tu mayor poder es la capacidad de elegir. Principio de causa y efecto. Elige con consciencia.

En primavera la naturaleza nos recuerda la importancia de renacer. Es importante abrirnos siempre a la oportunidad de ir a lo desconocido y recibir inspiración. Date siempre la oportunidad de soñar. Tener deseos es algo natural y es mejor si provienen de tu corazón, lo que podemos verificar si nos preguntamos ¿por qué deseo eso?, ¿para qué lo quiero? Si respondes a estas preguntas con honestidad puede que descubras que te encuentras ante un deseo que te han sugerido pero no es en realidad lo que tú anhelas.

Constantemente estamos bombardeados por la mercadotecnia que utiliza nuestras emociones para vendernos productos. "Compra tal o cual cosa y tendrás felicidad", "ve a equis lugar pues es el lugar de la familia", "utiliza esta prenda y te valorarán". Hay que saber reconocer lo que nos motiva a desear algo, ¿lo que quiero es necesario para que yo pueda vivir una emoción?, recuerda que primero tienes que igualar la vibración de lo que quieres para atraerlo. Tú eres quien lo tiene que sentir primero en su interior, la confianza, el valor, la prosperidad, el éxito. No hay nada en el exterior que pueda darte eso, todo está ya dentro de ti, pero tienes que permitirte sentirlo. Principio de vibración. Por eso cuando adquirimos algo vano que pensamos que nos dará la estabilidad, la seguridad, la confianza o la felicidad que buscamos, la experiencia será pasajera y muy pronto estaremos necesitados de obtener algo más. No busques fuera de ti.

Requerimos revisar periódicamente las historias que nos contamos a nosotros mismos. Muchas veces utilizamos el pasado como un pretexto para no intentar algo, todas nuestras decisiones están relacionadas con las emociones, por ello es importante la introspección. Todos hemos vivido eventos de crisis, trauma o fracasos. Pero con el tiempo, al trabajar en tus creencias, podemos voltear atrás y descubrir que podemos contar la historia sin el dolor que la acompañaba. Cuando sanas puedes mirar tu pasado y apropiarte de tu historia para reconocerte cocreador de tu vida. Tú ya adquiriste otra perspectiva, nuevas creencias y hábitos distintos. Tú lograste dejar las conductas que te envolvieron en esas circunstancias y te causaron dolor pero también aprendizaje.

Al revisar tu historia recuerda ¿qué fue necesario cambiar?, ¿qué fue aquello que conscientemente hiciste? Revisa tu proceso y aprópiate de él. Ese reto que te obligó a crecer y a desarrollarte, te proporcionó una estrategia. Ahora tú puedes desafiarte con el nuevo sueño que deseas alcanzar: una relación maravillosa, un trabajo apasionante, sentir prosperidad, estabilidad financiera, emprender, entre muchas otras. Al apropiarte de las victorias que ya adquiriste en el pasado encontrarás la certeza y la confianza para comportarte como la persona que crea y dirige su vida.

Elige aquellos sueños en donde se conjugue la pasión y una motivación adecuada, pero también los que te permitan alinear la mente y el corazón, basta con que visualices el beneficio que traerá a otras personas lograr tu objetivo. Imagina las emociones o las experiencias que vivirán quienes te rodean cuando tú alcances tus sueños. Buscamos, crecer, desarrollarnos y eliminar las barreras que nos impiden alcanzar nuestro potencial porque queremos ofrecer más a las personas que nos rodean. Poner nuestras habilidades y dones al servicio de los demás es una de las más grandes satisfacciones. Todas las personas poseemos el deseo innato de sentirnos parte de algo, de pertenecer. Aprópiate de tu pasado, revisa la historia que te cuentas y utiliza lo que ya has vivido para alcanzar nuevas metas.

La naturaleza nos dará muchas muestras del renacer de la vida tras la oscuridad y el frío del invierno. Ésta es la oportunidad perfecta para fijar nuestra intención y hacer modificaciones que nos lleven a ser una mejor versión de nosotros mismos. Las preguntas que pueden surgir son: ¿Cómo hacerlo?, ¿en qué puedo cambiar?, ¿qué debo cambiar? Las respuestas se encuentran en un nivel mucho más profundo y no se trata sólo de cambiar los hábitos. El cambio de hábitos y de nuestras acciones ocurren sólo cuando ampliamos, reemplazamos y modificamos nuestras creencias. Principio de generación.

Son tus creencias las que te sanan, son ellas las que orientan tus hábitos, tus acciones y te dan los resultados que tienes en tu vida. Entonces, si lo que buscas son resultados distintos, debes iniciar el trabajo desde el nivel de las creencias. Sólo tú puedes decidir si quieres reemplazar, ampliar, modificar o transformar un paradigma o creencia. Ahora entramos a una nueva era. Se respiran aires distintos y no podemos vivir desde las creencias o paradigmas con los que vivimos en el pasado. Requerimos adquirir nuevas ideas y creencias para poder fluir con los cambios.

CONSCIENTEMENTE ELEVA TU VIBRACIÓN.
AUMENTA LA SEÑAL QUE ENVÍAS AL UNIVERSO.

> Si lo que quieres es encontrar los secretos del Universo, piensa en términos de energía, frecuencia y vibración.
> NICOLA TESLA

La vibración es un movimiento repetitivo. La física cuántica reafirma en la actualidad aquello que las civilizaciones antiguas afirmaban. Todo es vibración. Lo que considerábamos sólido y estable no es más que un espacio y partículas en movimiento. Cada una de las células en nuestro cuerpo vibra. Nosotros poseemos una vibración única que varía y alcanza distintas frecuencias en determinadas circunstancias. Eres una melodía única en el Universo.

La resonancia es un fenómeno por el que se hace sonar algo de manera repetitiva. Las emociones también se transmiten ¿Has notado que cuando estás cerca de una persona y después de un rato de convivir con ella te contagia su emoción? Marie Kondo, explica que sólo debemos conservar aquellos objetos que encienden en nosotros la mejor energía. Agradecer y deshacernos de aquellos objetos que bajan nuestra vibración. Los objetos y el entorno que nos rodean nos ayudan a amplificar nuestra señal, nuestra frecuencia, hacer que nuestra vibración disminuya si sentimos patrones antiguos y revivimos emociones negativas. Abraham Hicks afirmó "El Universo no te castiga o te bendice, el Universo responde a la actitud y a la vibración que emites".

Hay emociones que tienen una vibración más alta que otras. El amor es una de las más altas vibraciones. El trabajo del doctor Masaro Emoto es una prueba de cómo los pensamientos, las palabras de amor y de odio impactan, las compara con la manera en que los copos de nieve se forman, ninguno tiene la misma silueta. También es importante hablar de la energía de los espacios que ocupamos, de su limpieza, del orden, de los colores, etcétera. La naturaleza es abundante y estar en ella es la mejor forma de elevar nuestra vibración.

Seguramente has escuchado el comentario "Esa persona no debería elegir esa profesión porque se morirá de hambre". Recuerda que cada camino es único. El Universo es abundante, si tú haces aquello que amas la prosperidad llegará. Si buscas elegir un negocio y ofrecer algo, escoge primero hacer aquello que te apasiona y que harías aún si no te pagaran por ello. Muchas personas ahora tienen una carrera exitosa en algo que inició como un hobby. Piensa si eso que ofreces trae un beneficio para los demás ¿les resuelve un problema?, ¿contribuyes a que logren una actividad que les apasiona? Si tienes claro por qué deseas emprender cierta actividad o negocio y su contribución, tu pasión se encenderá aún más. En realidad no hay forma de conocer el impacto que puedas tener en sus vidas, sólo puedes confiar en tu intención al proveer tu servicio o producto.

Ahora se sabe que en nuestro cerebro existen neuronas espejo éstas nos permiten imitar lo que vemos. Por eso es que los niños hacen lo que ven de sus padres y no lo que les dicen. De ahí la importancia de predicar con el ejemplo. Es importante que cuides con quienes compartes la mayoría de tu tiempo, debes cuidar tu energía y tu vibración. Robert T. Kiyosaki, empresario y autor, afirma que a muchas personas el miedo y la falta de conocimiento les impide arriesgarse. Si quieres ser empresario reúnete con empresarios. Rodéate de personas que posean las cualidades, los valores que admiras y que quieres incorporar en tu vida. Propicia que tu equipo tenga encuentros con personas que tengan el conocimiento y las habilidades afines a tu propósito e incorpóralas en tus actividades diarias y en tus procesos.

Todo el día produces pensamientos y tu cuerpo, como ya lo dijimos, en su mayoría es agua. ¿De qué forma impactan tus pensamientos y tus emociones en tu vibración?, ¿reconoces tus emociones frente aquellos que te rodean? Las emociones también poseen una frecuencia como el gozo y la alegría contribuyen a elevar tu frecuencia vibratoria y el miedo o la ansiedad la bajan.

Un buen líder no es el que afirma siempre tener las respuestas. Un buen líder no teme decir: no tengo todas las respuestas, no teme decir frente a su equipo que buscará la solución, no teme preguntar a los miembros del equipo su opinión. Muchas veces, si preguntamos a las personas que directamente observan la necesidad o el problema obtendremos soluciones más acertadas. Cuando en un equipo se valora la confianza y no hay temor de mostrarse vulnerable se puede expresar sus emociones sin miedo, se permite que entre los propios miembros del equipo se puedan reconfortar, compartir historias, destacar cualidades y buscar respuestas. Eso evita muchos errores y frustraciones.

Un líder debe generar espacios para la vulnerabilidad, no sólo aceptar que no se poseen todas las respuestas. Además debe pedir retroalimentación, apreciarla y recibirla sin juzgar, aun cuando no esté de acuerdo con el punto de vista de quien emite la opinión. Agradecer a la otra persona que eligió salir de su zona de confort y ofrecer algo, con curiosidad hacer preguntas para conocer por qué brindó dicha respuesta, cuáles son sus creencias y verificar si es necesario modificar las propias.

Se trata de crear la confianza y la seguridad para reconocer el error y el fracaso como una oportunidad. La oportunidad de aprender, de corregir, de reinventar. No existe historia de éxito sin fracasos previos. Lo que para otro puede ser incorrecto para ti puede ser la respuesta que buscas. Tú y tu camino son únicos.

Los pensamientos son atraídos por ti. Tu vibración hace que sintonices ciertas ideas. Por eso es que dos personas pueden recibir la misma idea sin conocerse o inventar algo en lugares distintos. Cuando deseas atraer algo a tu vida como la abundancia piensa en ella como una ola. Si quieres que la ola te lleve debes igualar su vibración. Toma conciencia de que los espacios, objetos y personas que te rodean ayudan a aumentar tu vibración y que también pueden disminuirla. Cuando pagas por servicios, tus necesidades, alimentos y deudas ¿qué emoción sientes? Toma consciencia de la emoción que produce abrir tu billetera y dar el dinero o pagar. Si descubres miedo, inseguridad y carencia este es el momento de cambiar. Toma conciencia de las creencias que originan la emoción. Tú eres abundante puedes iniciar el cambio simplemente con dar gracias por la prosperidad y la abundancia que te permite pagar, comprar, satisfacer tus necesidades. Igual que en un estanque, cuando avientas una piedra con la intención de que las olas sean mayores, alinea tus deseos y busca tu bienestar, el de las personas que te rodean y el del mundo.

Hay empresas que dedican gran parte de su energía en agradecer a los clientes, a sus proveedores, a su red de apoyo, etcétera. Todo se trata de las personas, si un proveedor tiene escasez de producto y tiene que tomar una decisión respecto a quién entregarlo puede ser que base su elección según el nivel de conexión que tenga con su cliente, es decir contigo. Agradece, hazle saber sus cualidades y por qué su contribución fue importante para ti. Tómate el tiempo para que su jefe conozca de sus cualidades. Si tienes un poco más de presupuesto, regálale algo que sea útil y significativo para tu proveedor, cliente o su familia. Evita creer que tus estrategias de publicidad son una forma de dar gracias. Muchos negocios o empresas gastan dinero y regalan objetos con el logo de sus empresas, muchas veces éstos terminan en la basura porque no son significativos para quien los recibe.

No se trata de postergar la felicidad hasta que tenga, sea o viva tal o cual experiencia. Tu felicidad depende únicamente de la actitud que tomes en este momento. Pensar desde la necesidad sólo te hace conectar con más carencia. Mientras más atención pongas en aquello que crees que falta en tu vida más carencia atraerás. Mientras más practiques la gratitud en el momento presente llegará a tu vida más de aquello por lo que agradeces. Tú puedes elegir siempre a qué le prestas tu atención. Siempre puedes dar las gracias a personas, objetos y experiencias. Incluso puedes agradecer sólo por el gran día que es como si ya hubiera concluido. Da gracias, piensa que lo que agradeces es una gran afirmación. Le afirmas al Universo: dame más de esto.

Experimentamos el sentimiento de necesidad por nuestros apegos. Esas ataduras a ciertas creencias con las que nos juzgamos o comparamos y pensamos que nuestra vida será perfecta una vez que alcancemos cierta circunstancia. Muchos piensan que la felicidad consiste en poseer una casa y lo asocian a un símbolo de prosperidad y riqueza que adquieren mediante un crédito hipotecario. Robert T. Kiyosaki, autor de la serie *Padre rico y Padre pobre*, explica que en realidad las personas ricas consideran que la adquisición de una propiedad es un pasivo, no un activo. Es decir, que con la propiedad vendrán una serie de gastos adicionales. Quizá si tú te encuentras en este momento en una casa de renta y con esta explicación cambie tu percepción y sientas la prosperidad. Se trata de trabajar constantemente con tus creencias y cuestionarlas.

No hay fórmulas mágicas ni mucho menos generales porque nadie es experto en ti. Solo tú puedes ser tu propio termómetro. Principio de polaridad. Una misma situación puede originar emociones distintas, por ejemplo, puedes estar en un almacén departamental en la temporada de rebajas y descubrir un pants de una marca exclusiva de ropa a un súper precio, la talla es muy grande aún para alguno de tus hijos pero piensas que no puedes dejar pasar la oportunidad y que tu hijo crecerá para usarlo en unos años. Si analizas la emoción que origina la decisión descubrirás que es carencia. ¿Acaso no tienes la posibilidad de adquirir algo que te agrade en el momento necesario? También puede pasar que la marca de ropa que te guste esté en descuento y encuentres atuendos que te agraden, te hagan ver bien y te descubras sintiéndote mal porque los adquiriste en descuento. De igual forma son tus creencias las que detonan tus pensamientos. ¿Qué pasaría si te centras en pensar que tuviste la fortuna de encontrar tu talla, algo que te gustó y que te hace lucir bien?, ¿podrías pensar que encontraste algo raro y especial como un diamante?

Cuando éramos jóvenes se pusieron de moda unas sudaderas hechas con jerga cuando las veían nuestros padres pensaban que eran horribles porque la tela se utilizaba para trapear los pisos. Ahora comprendo que sus creencias estaban ligadas con esa experiencia pues ellos las asociaban con pobreza, mientras nosotros pensábamos que estábamos vestidos de acuerdo con la moda.

Algunas veces se trata del miedo a poseer objetos lujosos y costosos por temor a que sean robados. Tal vez se deba a que experimentaste un robo o un asalto a temprana edad o que sufriste rechazo en tu infancia por poseer objetos o un nivel de vida mejor al de tus padres e inconscientemente te saboteas para evitar nuevamente ser marginado. Recuerda que el pasado no define tu futuro, los objetos y circunstancias tampoco te definen a ti.

Para crear es necesario tener un plan. Cuando planificas cada detalle cuenta pero hay que ser específico. Por eso es útil imaginar, visualizar y experimentar vivir el resultado de eso que deseamos en nuestra mente. Practicar la visualización incluye tomar consciencia de las emociones que sientes cuando vives esa experiencia en tu mente. Siente lo que te produce ver beneficiados a quienes te rodean por este proyecto, proceso o bien que obtienes. Disfruta la sensación de que todo salió perfecto. Si tienes una reunión, exposición o examen puedes intentar vivir la experiencia en tu imaginación. Involucra varios sentidos ¿qué hueles?, ¿qué colores ves?, ¿quiénes te rodean? Imagínate exponiendo tu presentación, teniendo la reunión, respondiendo la prueba, incluye la retroalimentación, el cierre de dicha experiencia y da gracias como si ya hubiera pasado y salido todo a la perfección.

Cuando inicias un plan, ten claridad en ¿por qué quieres alcanzar ese objetivo?, ¿qué beneficios traerá a tu vida y a la vida de las personas que te rodean?, ¿de qué forma tu objetivo contribuye al bien común, al plan del Universo? Principio de vibración. Cuando involucras la emoción y reconoces lo que perderías si no lograras tu objetivo es más fácil alinear tus hábitos y tus acciones. Es más probable que en el momento en que tengas que decidir tomes la decisión que está alineada a tus valores y a tu visión, no te traiciones, llegarán momentos en que la necesidad se presentará disfrazada como hacerte creer que cierta persona es la única opción y una voz en tu interior te pedirá acceder a esa petición pero mantente firme y no traiciones tus valores, no te pongas en segundo lugar, no hay peor traición que la propia, si lo aceptas tomarías la decisión desde la carencia. Mejor aprende a escuchar a tu intuición, confía en que el Universo te sostiene, ten la certeza de que lo que se presenta es perfecto para tu bienestar, que a tu vida llegarán las personas correctas, que se te abrirán puertas por ser íntegro, por valorar a tu familia, por buscar agregar valor a la vida de los demás y contribuir a este mundo.

Eckart Tolle, habla del Poder del Ahora. Es importante apreciar tu realidad, lo que vives en este momento, mientras más ames lo que está presente en tu vida más cosas buenas atraerás. Piénsalo así, este es el tiempo en el que puedes invertir en ti, obtener sabiduría, resolver una lección, hacerte más fuerte, desarrollar tus habilidades, quien recibirá el beneficio es tu "Yo del futuro". Dicho de otra forma, tú estás cosechando lo que sembraste en tu pasado.

Aún no está disponible una máquina del tiempo que permita cambiar el pasado, aunque conscientemente podemos situarnos en ese momento y cambiar el sentimiento o la emoción que nos produjo la experiencia en el pasado. Principio de mentalismo. Si te regresas y revisas cuándo y en qué momentos comenzaste a tener contacto con el dinero descubrirás las emociones de quienes te rodeaban. Tal vez absorbiste esa emoción o sentiste ansiedad o angustia porque eras sólo un infante y no contabas ni con las herramientas ni con los conocimientos para comprender la situación. Trata de regresar a ese instante en tu mente, abrázate y explícate lo que ahora ya sabes sobre dinero. A tu versión del pasado dile que todo saldrá bien, puede servir también comentarle el aprendizaje, la sabiduría o las habilidades que la experiencia trajeron a tu vida.

Este ejercicio también funciona si imaginas que tu versión del futuro te visita para abrazarte y decirte que todo saldrá bien que, aun cuando no entiendas por qué estás viviendo estas circunstancias, todo es perfecto para que puedas desarrollar una mejor versión de ti o para que adquieras ciertas habilidades.

El dinero es una herramienta para acceder a lo que es valioso para ti, para crear y contribuir. La prosperidad viene de distintas formas puedes reconocerla en tu vida, en la salud, el amor, las amistades, las oportunidades, las personas que te guían o la información, el tiempo para hacer lo que te gusta o estar con tu familia, la lista es tan larga como tú decidas.

El futuro es desconocido pero hay la certeza de que en la naturaleza es perfecta, adopta la creencia de que todo es para tu bienestar, de que hay un poder superior o un plan divino que te sostiene. Elige conscientemente la melodía que deseas enviar al Universo. Conecta con tu intuición, ella es tu mejor guía. Eleva tu vibración y elige vibrar en amor. Cambia tú y cambiará lo que te rodea.

Para que el Universo escuche tu señal necesitas actuar de forma recta y equilibrada ello requiere reconocer los opuestos y realizar un balance entre los mismos, cuando experimentamos ese estado de equilibrio interno poseemos ecuanimidad. El autor Jordan B. Peterson en su libro *12 reglas para vivir, un antídoto al caos* sostiene que los elementos fundacionales de este mundo son el orden y el caos. Considera al orden como la energía masculina que establece los patrones en la naturaleza, las normas, la estructura y nos hace sentir seguridad cuando experimentamos lo familiar. Mientras que el caos, la energía femenina, es todo aquello que resulta de forma inesperada, las crisis y lo que irrumpe en lo ya establecido por lo tanto es la creación de algo nuevo y distinto, es la creatividad. Por lo que, para vivir de forma equilibrada se requiere reconocer las fortalezas de nuestra energía femenina y masculina y vivir como si tuviéramos un pie en cada una de ellas y camináramos por el centro.

Los druidas representaban esta trinidad con la figura de los tres rayos. En el taoísmo se representa con el símbolo del ying y el yang. Principio de correspondencia. Cualquiera de las dos energías en exceso resulta en un desequilibrio y en una forma de vida insostenible. El caos viene a nosotros cada cierto tiempo para permitir que formemos algo mejor, lo mismo nos lo explica el autor Joseph Campbell en el patrón que se repite una y otra vez y que denominó "el viaje del héroe". En el que el personaje inicia una aventura a lo desconocido, recibe ayuda de un guía o mentor, vive un conflicto o lucha de la que sale transformado y recupera la sabiduría o reflexión e inicia un nuevo ciclo. En realidad no es que caminemos en círculos, recorremos la vida en una espiral ascendente o descendente que depende de nuestro trabajo interior. Algo similar ocurre con la órbita de los planetas o del sistema solar.

Quizá te tome por sorpresa la relación del caos con la energía femenina. Imagina un árbol con unas raíces fuertes robustas, profundas e interconectadas. Esas raíces absorben los minerales y nutrientes de la tierra lo que le permite crecer, imagina entonces que cada una de esas historias, patrones o creencias son los minerales y nutrientes que permitieron tu transformación, ese caos que te hizo buscar algo distinto. Te invito a que mientras lo visualizas de esta forma agradezcas cada una de esas heridas y situaciones, sin ellas no hubieras iniciado tu búsqueda.

Siente que gracias a las raíces que crecen bajo la tierra el árbol puede sostenerse y crecer erguido hacia la luz, los vientos fuertes llegarán, lo harán moverse, pero sus raíces lo mantendrán firme.

Es hermoso pensar que somos nosotros los que podemos decidir, dejar entrar la luz a las heridas y transmutarlas en algo distinto.[22] Asumir y sanar nuestra historia nos permite vivir en ecuanimidad. Reconocer que estamos en un viaje cíclico en el que el caos se presentará de forma constante. Recuerda que es importante no reaccionar a la situación, soltar el pasado, perdonar, practicar el desapego, no tomarse las cosas de forma personal y aceptar la vida.

El investigador Jordan B. Peterson explica la anatomía, los comportamientos territoriales y de competencia de las langostas para que, como seres humanos, podamos conocernos mejor. En su conclusión recomienda adoptar una postura corporal erguida, aceptar la vida y su responsabilidad. Para este autor, con el simple hecho de adoptar una postura correcta ya conectamos con nuestro ser y mandamos una clara señal de que nos disponemos a transformar el potencial del caos que se presenta en una posible realidad con orden. Te propongo que hagas las paces con tus sombras y el caos en tu vida, que vigiles tu postura y que con la espalda recta envíes la señal clara al Universo de que eres una persona dispuesta a tomar la responsabilidad de crear tu vida.

Es importante actuar en armonía con nuestros pensamientos y valores. Mantener nuestra integridad en cada área

---

22 El poeta Rumi decía: la herida es el lugar por donde entra la luz en ti.

de nuestra vida es fundamental. No hay peor traición que la que nosotros mismos nos hacemos y cada una de nuestras células lo sabe.

Hemos crecido con una serie de ideas que promueven la competencia; utilizar cualquier medio para alcanzar el fin y ejercer la violencia como ejercicio de poder y dejar atrás el hábito de combatir una agresión con otra es difícil. Recuerda el principio de causa y efecto y detén el patrón. Cambiar para dejar de sujetar los fines y objetivos al beneficio de los demás no es sencillo, se requiere de un cambio de paradigma y de sentir con un alto grado de convicción que:

- La otra persona tiene permiso para vivir sus emociones, elegir su camino y la energía que desea experimentar.
- Todos somos parte de una inteligencia mayor, hemos sido creados con los mismos materiales del Universo y en cada uno de nuestros átomos se encuentra el mismo espacio. Lo que vemos y asumimos como nuestra realidad es sólo una percepción de nuestras partículas en movimiento. En la cultura maya las personas expresaban esta visión o concepto en su saludo diario al decir IN LAK'ECH —Yo soy otro tú— y responder HALA KEN —Tú eres otro yo—. El maestro Jesús nos recalcó la importancia de amar al prójimo como a ti mismo.
- Tú y solo tú tienes el poder de permitir que lo que hacen los demás te afecte. Puedes practicar el autocontrol y elegir qué energía quieres ser y qué emoción deseas experimentar. Tú eres quien puede lograr transformar todas aquellas emociones densas desde el amor y el sentido de unicidad por otras emociones más altas como la compasión y la gratitud.
- Al actuar con integridad y acorde con tus ideas te eres fiel. No existe ningún fin que justifique traicionarte y disminuir tu vibración al sostener una mentira. De nada sirve alcanzar un objetivo si las otras áreas de tu vida se merman. En la mitología egipcia al morir el espíritu se presentaba ante el dios Osiris y en el juicio debía responder dos preguntas

¿fuiste feliz?, ¿hiciste feliz a otros? Estas dos preguntas son una verdadera guía para nuestras acciones pues nos obligan a conocer el ¿para qué?, y deshacernos de aquellos deseos que provienen del ego y que en nada contribuyen a los demás.

No existe una separación entre lo espiritual y lo material, nuestros pensamientos y acciones moldean nuestra realidad. Cuando somos íntegros y fieles a nuestros valores podemos lograr aquello que nos propongamos porque lo que nos impide alcanzar nuestros deseos se encuentra en cada una de nosotros.

La práctica del agradecimiento

Desarrollar una práctica de apreciación o agradecimiento hace posible que veamos los momentos ordinarios de nuestra vida y los transformemos en extraordinarios. Albert Einstein afirmó "Sólo hay dos maneras de vivir tu vida. Una es como si nada fuera un milagro. La otra es como si todo fuera un milagro". Principio de mentalismo. Hoy en día hay numerosos estudios del cerebro y las conexiones neuronales que indican que una persona que acostumbra quejarse continuamente activa ciertos patrones en las conexiones neuronales que impactan en su forma de ver el mundo. Lo contrario también es cierto. Cuando elegimos actuar desde el agradecimiento y la apreciación se ven oportunidades y retos.

A menudo podemos encontrar que nuestros pensamientos comienzan a divagar en escenarios futuros o catastróficos y con esos pensamientos llega la ansiedad y el estrés, en cuanto te percates de ello comienza a vivir el momento presente, concéntrate en tus sentidos ¿qué escuchas?, ¿qué percibe tu piel?, ¿qué hueles?, ¿qué ves?, ¿cómo late tu corazón?, una vez que has puesto ese alto y has tomado el control de tus pensamientos genera una práctica de apreciación.

Dar gracias es una forma efectiva de centrar nuestra atención en lo extraordinario que ya está en nuestra vida. Louise Hay recomendaba conscientemente dar gracias por los objetos que nos rodean y hacen nuestra vida más cómoda y confortable. Puedes optar por agradecer las experiencias, objetos o personas en tu vida, hacerlo en familia es recomendable, muchas veces podemos sorprendernos al escuchar a los más pequeños dar gracias por lo que está en su vida. Podrías intentar reunir a la familia al finalizar el día, encender una vela y pedir que cada integrante dé gracias por alguna persona, experiencia u objeto esto ayuda a generar sentimientos de paz, seguridad y abundancia.

También podrías iniciar un diario de agradecimiento y escribir en él las situaciones por las que has elegido mostrar tu agradecimiento: la posibilidad de tener agua caliente, una buena ducha, una siesta relajante o ver las estrellas. Otra manera de practicar el agradecimiento es mostrar tu reconocimiento y apreciación por alguien más cuando envías una nota, un correo, un mensaje o un video en el que le hagas saber alguna cualidad que admires, su aportación en tu vida o algún otro momento que te sea significativo. ¿A quién no le agradaría saber que una acción propia impactó en la vida de otra persona? Podrías también mostrar tu agradecimiento todos los días a tres personas, quizás ese(a) profesor(a) que hace años te inspiró o cualquier otra persona que en tu vida haya sido significativa. Este es el momento para hacérselo saber. Principio de vibración.

Puedes dar gracias por el día o por una experiencia, ¿qué te ha enseñado? Gracias a las fallas y a los errores podemos ver lo que funciona o lo que debemos modificar. Tú puedes resignificar una experiencia pasada, agradece por la sabiduría que te trajo, por permitirte crecer, por hacerte salir de lo conocido, etcétera.

Mientras más practiques la apreciación y el agradecimiento notarás cambios en tu vida y en tu forma de ver el mundo, hazlo por más de 21 días y seguro que verás lo extraordinario en lo ordinario.

Yo soy prosperidad

Utilizaré el concepto de prosperidad porque considero que tiene una connotación más holística (puedes ser abundante en deudas, problemas y conflictos). Prosperidad implica ecuanimidad y balance en todas las áreas de tu vida. La prosperidad con frecuencia se relaciona con el éxito, el desarrollo favorable y el bienestar de la persona. La experiencia es subjetiva y está muy vinculada con la práctica del agradecimiento en el momento presente, no se trata de esperar a que se resuelva tal o cual situación ni tampoco a que la felicidad llegue cuando algo externo suceda o hasta que algo cambie en la vida. Este momento presente es el tiempo para sembrar lo que cosecharás en tu futuro. Si en este momento tu atención se centra en ver la carencia y las limitaciones en tu futuro atraerás más de aquello. Principio de causa y efecto.

Hace algunos años noté que las personas tienen una relación distinta con el dinero y comencé a hacerme preguntas. Unos no se agobiaban con el tema, otros simplemente lo evitaban y a otras personas les parecía divertido. Nuestra relación con el dinero está impregnada de creencias y emociones y lo primero de lo que me di cuenta es de lo poco que sé acerca del dinero y de las finanzas. Recibimos muy poca educación en finanzas y repetimos patrones de los cuales no somos conscientes como yo que la mayoría de mis decisiones las hacía impulsada por el miedo. Muy pocas personas reconocen que además del cuerpo físico posees uno emocional y energético y que para lograr cambios hay que trabajar con ellos. Esa emoción del miedo es la semilla de lo que atraes a tu vida.

Tú no eres lo que posees, no eres tu pasado, tú no eres tu título ni tu cargo. Las circunstancias que te rodean ahora son resultado de tus programas y hábitos del pasado pero no te definen. Tú y sólo tú puedes descubrir quién eres y en qué te quieres convertir. Tú le das valor a los objetos que te rodean. Tú le envías a tu inconsciente una señal de tu valor cada vez que eliges. Para aumentar tu señal y tu autoestima elige conforme a tus valores y no por el precio o por lo que otros decidan.

La persona experta en tu camino eres tú y solo tú puedes tomar el control de tu relación con el dinero, no se trata de replicar lo que otro hace. ¿Evitas el tema?, ¿desconoces del tema? No esperes a que alguien más resuelva esto por ti. ¿Quieres mejorar tus finanzas?, te recomiendo obtener información.

Desde las creencias y la información que tienes te será difícil reconocer los patrones o hábitos que puedes cambiar. Puedes exponerte a otras formas de ver el dinero como las personas que ven el dinero como energía, como herramienta, que buscan ponerlo a trabajar y no trabajar para el dinero. Algunos libros y autores son *Piense y hágase rico* y *La ley del éxito* de Napoleón Hill, *El hombre más rico de Babilonia* de George S. Clason y *El vendedor más grande del mundo* de Og Mandino.

Otros autores te ayudarán a comprender la Ley de Atracción y a utilizar técnicas que te permitan igualar la vibración de aquello que deseas. No sólo se trata de visualizar, decretar y afirmar. Se requiere hacer cambios en ti, que te permitas recibir inspiración para salir de tu zona de confort y puedas sentir que esa experiencia ya es tuya. En esta área te recomiendo a Esther Hicks con tres de sus libros: *Pide y se te dará, La Ley de Atracción* y la *Guía práctica, pide y se te dará*.

Conforme absorbas la nueva información y te expongas a otras formas de relacionarse con el dinero crearás el hábito de revisar las barreras que te impiden acceder a la prosperidad y a la abundancia que te mereces. Cuestiona tus creencias. Durante el día hazte consciente si algún tema relacionado con el dinero te causó ansiedad, miedo, enojo o tristeza. Intenta recordar ¿qué fue lo que provocó la emoción?, ¿qué sentiste?, ¿qué pensamiento originó esa reacción? Es una forma de hacer consciente la herida y la creencia que la origina. Hay muchos autores que te ayudan a comprender que el Universo es abundante y que desea trabajar para brindarte lo que tú, consciente o inconscientemente, le pides. Así cada vez que ese pensamiento se reproduzca podrás contra argumentarlo. Ese debate en tu mente tendrá lugar hasta que la nueva creencia se haya establecido, para ello te recomiendo a Ken Honda con *Dinero Feliz* y a Joe Vitale.

Antes las monedas se respaldaban por un metal valioso: oro o plata pero ahora el dinero es un concepto de intercambio, entonces debemos revisar el significado de prosperidad y prepararnos para el contexto en que vivimos. Recuerda que la prosperidad es un concepto mucho más amplio e integral. Si hay un cantante que lanza un éxito después hay varios que cantan la misma canción y cada uno es un éxito. No por el hecho de que alguien sea feliz o exitoso o tenga salud los demás no pueden acceder a eso. Principio de vibración o correspondencia. Si fue posible para otra persona es posible para mí. Yo tengo que igualar la frecuencia de lo que anhelo. Esas características que admiras en esa persona que vive esa realidad despiértalas en ti.

Mientras me encontraba en el área de zapatería de una tienda departamental escuché a alguien decir: "¿Tú crees que Dios me perdone por pisar $2,500 pesos?, es que es mucho dinero". Mi atención se dirigió a la escena y observé cómo una mujer veía su imagen en el espejo mientras se probaba un par de tenis. Se encontraba con una amiga quien la convenció de pagar. Me hubiera encantado poder decirle "tú eres valiosa, si te son cómodos y te agradan tú te los mereces, Dios te ama", pero recordé que yo también viví una época en mi vida en la que encontraba toda una serie de razones para ponerme en último lugar, sentía vergüenza y culpa, pensaba que si lo hacía no estaba actuando como una buena administradora del hogar. Tampoco consideraba que mi ingreso servía para satisfacer mis necesidades primero, incluso postergaba mi salud. No sabía que inconscientemente al elegir únicamente en base al precio y no en mis valores me enviaba un mensaje de no merecerme y ser poco valiosa,

Esa versión de mí no me hubiera escuchado. Necesité tocar fondo, que la vida me mostrara la consecuencia de no amarme lo suficiente para motivar un cambio. La primera vez que me senté a clasificar mis egresos con la intención clara de establecer mis prioridades y pagarme a mí primero me costó mucho. Cada vez que hacía algo, en la categoría ya previamente señalada, mi mente me insistía y la vergüenza y la culpa se presentaban. En mi interior surgía un debate entre los autores que leía, sus historias y mis ideas. Claramente me daba cuenta de que mis creencias y mis hábitos no me habían funcionado y aún así me resistía al cambio. Poco a poco, cada vez que hacía algo por mí los debates en mi mente disminuían pues hacía el ejercicio de repasar mis valores y justificar por qué era una decisión adecuada. Así que hoy lo comparto contigo, con la intención de que tu camino pueda ser mucho más fácil y para que sepas que no eres la única en experimentar resistencia y dudas.

El dinero es un concepto, una energía que se produce por el intercambio de algo de valor. Por eso debemos revisar nuestras creencias, ¿qué consideramos valioso?, ¿por qué nos cuesta trabajo creer que merecemos todo lo bueno?, ¿qué aporta eso que deseo a mi vida?, ¿qué aporto a la vida de los demás?, ¿cómo puedo enfocarme en lo valioso?

Inicia por ti, ten claro que atender tu salud, tus necesidades y las diversas áreas de tu vida son prioridad. No puedes dar lo que no te das a ti, es una inversión. No hay otra persona en el planeta que tenga la responsabilidad de darte todo lo bueno, tú eres quien está a cargo de cuidar de ti. Estamos relacionados con otras personas mediante un intercambio. Todo es un intercambio de servicios, por ejemplo, si tú vendes algún producto y te da pena vender es porque no te concentras en el servicio, en el valor que ofreces a los demás. Siempre busca la forma de agregar, de dar valor a la vida de otros. Al adquirir un producto recuerda que la mercadotecnia y los anuncios comerciales te harán creer que eso es lo que quieres, pero antes de adquirir un producto trata de tener claridad en ¿para qué lo quieres?, ¿qué es lo que valoras?, ¿qué beneficio traerá a tu vida? Pon tu intención en el valor y la calidad de vida que te ofrece el objeto o el producto y no en el precio.

El pensamiento nos miente. Principio de mentalismo. Asume la creencia de que tú ya tienes todo lo que deseas, desde esa creencia puedes atraer, de todas las posibilidades infinitas del Universo, aquella que deseas materializar. Desde el momento presente en el que te encuentras recuerda: reconocer las bendiciones que ya tienes, sentir el amor por los objetos y los bienes que posees y que están a tu cuidado para experimentar gratitud, alegría y gozo. Esta es la oportunidad para atraer el futuro que anhelas.

Todos realizamos nuestras compras y las vinculamos a valores y a emociones. Puede ser que aún no lo hagas de forma consciente. Cuando llegas a un lugar nuevo (piensa en un museo, centro comercial o parque de diversiones), lo primero que haces es dirigirte al mapa o croquis para tener una visión general de todas las posibilidades. Requerimos saber el lugar en el que estamos y hacia dónde vamos y con tus finanzas es igual. Cuando me sentaba a revisar mis gastos y mis cuentas no era nada fácil, el tema me llenaba de miedo, de ansiedad y de estrés pero, al leer a nuevos autores, descubrí que no era la única que precisamente reconocer lo poco que sabes del tema es un gran paso y que hay mucha información disponible si estás en apertura de recibir. Principio de vibración.

También pude comenzar a ver los patrones y los hábitos en mi familia paterna y materna. ¿Cómo gastamos el dinero?, ¿cómo ahorramos?, ¿por qué? Así que poco a poco encontraba algunas de las creencias que originaban dichos hábitos, como asociar el éxito con el esfuerzo y el trabajo duro, las emociones que originaban ciertos patrones como mi necesidad de ahorrar, contabilizar y escatimar. Todo ello me hacía sentir escasez y desde esa emoción tomaba la decisión. Principio de generación. También me pude deshacer de creencias que me eran nocivas y únicamente me hacían percibir y sentir más carencia. Hace algunos años comencé a leer y a buscar temas relacionados con el dinero y la abundancia me senté a revisar mis finanzas y me di cuenta de que hablar de dinero representaba un gran desafío para mí. Ahora sé que es mi responsabilidad educarme y adquirir herramientas al respecto. Aún tengo mucho que aprender y todavía sigue siendo un reto para mí, así que si tú eres de las personas que siente culpa o vergüenza al gastar, que tiene la necesidad de ahorrar y teme hablar de finanzas quizás esto te pueda interesar. Te dejo cuatro herramientas que puedes utilizar desde hoy para tener una mejor relación con el dinero e invitarlo a tu vida:

1. Prepara un ambiente armonioso y adecuado para atraerlo. Busca una cartera que te agrade. Es recomendable que el interior tenga un color rojo o rubí. Con frecuencia acomoda tu cartera, deshazte de los recibos que ya no te sirvan. Acomoda los billetes de acuerdo con su denominación. Intenta sentir felicidad cuando abras tu cartera, rocíala de una fragancia que te agrade. Procura siempre

portar en tu cartera un billete de una cantidad que te haga sentir abundante.

2. Cada vez que recibas dinero agradece. Imagina todas las manos que han tocado ese dinero o hicieron posible que llegara a ti y bendícelas.

3. Cuando pagues da gracias que tienes ese dinero para pagar, desea que ese dinero se multiplique en la vida de la persona que lo recibe y que su negocio sea próspero.

4. Coloca en varios lugares las frases: "Yo soy prosperidad", "Yo soy libertad financiera", "El dinero llega a mí de forma fácil, abundante y divertida".

Las historias que nos contamos respecto del dinero impactan en cómo nos sentimos. Principio de causa y efecto. Es importante trabajar en nuestra autoestima de forma diaria pues, cuando poseemos una autoestima baja, inconscientemente vinculamos nuestro valor a circunstancias externas. La cantidad de dinero que percibimos, las cosas que poseemos, las experiencias a las que accedemos, etcétera. En realidad, ninguna de las circunstancias que está en tu vida te define. Tú eres una persona valiosa y mereces todo lo bueno. Las creencias que posees son las barreras que te impiden creerlo y sentirlo así.

Lo más importante es tener consciencia de ¿cómo te sientes respecto del dinero que recibes y das? Tú tienes una programación única y puedes reprogramarte cuando quieras. Una melodía individual y característica que sólo te funciona a ti, por eso es que obtener información y adecuarla a tus necesidades es lo más recomendable. Es importante poner atención en la forma que recibimos o damos dinero porque esta emoción lleva un flujo: da a los demás aquello que quieres recibir, presta atención y fija tu intención en recibir y dar con felicidad, agradecimiento y/o generosidad. Cuando logras observar tus creencias y descubres alguna que ya no contribuye a tu propio bienestar inicias un cambio. Por cada creencia que desees quitar tienes que incorporar al menos otras dos creencias que te sean benéficas.

Por eso es importante que, para que puedas comprender tu programación, observes cómo hablan o hablaban de dinero tus padres, cómo gastaban, necesitas conocer cómo eran tus padres de niños y qué recuerdan de tus abuelos. Principio de mentalismo. Muchos de nuestros abuelos vivieron tiempos de guerra y escasez, una situación que marcó la infancia de nuestros padres.

Mira, te comparto algunas creencias que conscientemente incluí para mi bienestar:

- La naturaleza es abundante.
- Existe una inteligencia universal que desea contribuir a mi bienestar. El universo me sostiene.
- Las personas actúan lo mejor que pueden desde su nivel de consciencia.
- Si fue posible para esa persona es posible para mí.

Creencias que no son benéficas:

- Estamos en competencia.
- Las otras personas buscan obtener un beneficio de ti o engañarte.
- Hay escasez, la prosperidad de una persona limita a otros.
- La riqueza es producto del trabajo duro.
- Para obtener éxito y riqueza hay que sacrificar otras áreas.

La mayoría de nosotros no recibimos una instrucción respecto al dinero, lo conocimos a través de la dinámica familiar, la ansiedad o la preocupación de nuestros padres. Los recuerdos respecto a los regalos que recibíamos, lo que deseábamos, lo que dábamos a los demás, así nos formamos una idea a partir del conocimiento de un infante y a nivel subconsciente queda impreso un patrón de miedo y, cuando necesitamos tomar una decisión, es como si ese infante estuviera al control. Con frecuencia se nos pedía compartir y satisfacer las necesidades de otros antes que las propias como prestar un juguete o la obligación de saludar, por ejemplo. Se nos pedía terminar toda la comida del plato, incluso cuando ya estábamos satisfechos porque había otras personas que no tenían qué comer, entre muchas otras creencias.

También existen creencias generacionales derivadas de circunstancias vividas. Por ejemplo, cuando éramos más jóvenes las llamadas por teléfono eran cobradas de acuerdo con la duración, hablar por teléfono era caro pero actualmente hay muchas personas adultas que aún hablan por teléfono como si fuera un telegrama: breve, directo y al grano. Otro ejemplo es que se creía que para lavar y limpiar algo se debía hacer mucha espuma, hoy los detergentes buscan tener un menor impacto ambiental y no hacen espuma. Quienes no cuestionan sus creencias les cuesta trabajo responder a las nuevas circunstancias.

Es preciso revisar qué creencias recibimos y tenemos respecto al amor, el éxito, el dinero y la abundancia. ¿Te hubiera gustado escuchar de tus padres, que eres una persona amada, valiosa, independientemente de tus logros?, ¿te hubiera gustado sentirte valorado y amado en todo momento, aun en aquellos en que cometiste errores o fracasaste?, ¿alguna vez alguien te dijo que no eligieras cierta carrera o profesión porque era "mientras me caso" o "mal pagada"? No existe el pasado, todo esta ocurriendo ahora. Sostén en tu mente una conversaión en la que tu padre o madre te dicen: "Yo antes te decía que…, pero ahora veo cuán valiosa eres cuando contribuyes, lo grande de tu legado" o algo similar que necesites escuchar. ¿Qué mensaje les transmites tú a tus hijos?, ¿les dices claramente que tu amor está ahí y que los amas a ellos?, ¿les dices que valoras su esfuerzo independientemente de los resultados?, ¿les enseñas a vivir el éxito y el fracaso? Parece que vemos a las personas que consideramos exitosas y olvidamos revisar su trayectoria aunque ellas son las primeras en recordar sus fracasos como aprendizajes, como una especie de experimento fallido que les permitió modificar el proceso hasta alcanzar el resultado deseado. El dinero puede ser visto como la solución de todos los males, hay muchas personas que poseen dinero y no son felices. El dinero es una herramienta que te permite acceder a distintos recursos y satisfacer necesidades pero la gran mayoría comparte la idea de escasez, piensa que se trata de competir para obtener recursos, mientras que la naturaleza nos muestra una y otra vez que hay abundancia y que se obtiene de manera fácil. Hoy existen millonarios que alcanzaron ese nivel gracias a la información, a vender su conocimiento, a crear una aplicación y no trabajan arduamente largas jornadas hasta el cansancio.

Algunas veces escuchamos que las personas con dinero son unos ladrones, que son infelices, avaros y unos aprovechados, entonces en el nivel del subconsciente queda impreso que los que tienen dinero no son buenos. A partir de esta creencia se sabotean para no tenerlo. Todas esas creencias que separan, distinguen y convierten a los demás en los "otros" surgen del ego. De la necesidad de creer que yo y mi grupo somos superiores para sentir seguridad. En la vida todas las personas tenemos luz y sombra, hay matices de gris. Principio de polaridad. Evita poner etiquetas. El cerebro utiliza este sistema para clasificar y no perder tiempo en identificar lo que tiene frente así. Pero, si tú juzgas sin conocer a la persona u obtener los datos objetivos sin conocer los hechos, te dejas llevar por las apariencias.

Como lo dije antes, nos han repetido que tener mucho dinero es producto del trabajo duro, pero a nivel inconsciente se queda esa idea de que no se puede producir riqueza sin trabajar, por ello nos esclavizamos en jornadas largas de trabajo. Creemos que, al trabajar arduamente y con esfuerzo nos acercamos al éxito. Esta creencia hace que me concentre en el trabajo y olvide otras áreas de mi vida igual de importantes. En la actualidad hay muchas historias de personas que alcanzaron el éxito y riqueza al crear varias fuentes de ingresos, no dependen de un salario y buscan utilizar eficientemente su tiempo para reducir su jornada laboral, hacen lo que les apasiona y obtienen abundancia económica por ello.

También se habla mucho de la competencia, la escasez y pareciera que no hay suficiente, que lo que la otra persona obtiene me lo quita a mí. A nivel del subconsciente esta creencia impide que nos sintamos felices por el logro de otros y nos hace creer que se debe competir para lograr el éxito en lugar de buscar nuestro propio espacio. Déjame decirte que la abundancia está al alcance tuyo y del otro. Que el éxito de otra persona te inspire es una prueba de que es posible y también lo es para ti. ¿Por qué no disfrutar la felicidad del otro cuando le va bien, aprender a vivir la alegría y los éxitos del otro? Eso implica reconocer que todos estamos unidos, que podemos vivir experiencias de gozo a través de los logros de los demás.

Poseemos diferentes creencias que originan nuestras decisiones de acuerdo con aquello que consideramos valioso, pero cada uno de nosotros aprendió lo que es valioso de su núcleo familiar, ahora es el momento de que nos fijemos en qué es lo que consideramos que es valioso para nosotros y nuestras familias. Reúnete en familia y hagan una lista de los valores que van a orientar sus elecciones.

Te recomiendo hacer los siguientes ejercicios:

1. Todos los días recuéstate en el pasto o en el suelo. Conscientemente siente tu respiración y cómo cada parte de tu cuerpo es sostenida por la Tierra o el pasto que te rodea. Imagina que eres una planta que dejas en la Tierra toda la información que ya no te sirve y a cambio recibes todos sus nutrientes. Imagina que te llenas de toda la informa-

ción necesaria para vivir en esta época. Siente la luz del Sol y piensa que cada una de las células de tu cuerpo recibe la prosperidad y la abundancia. Imagina que cada célula sonríe y afirma: Yo soy amor, Yo me abro a la prosperidad en mi vida. Termina el ejercicio y agradece, aunque no se trata sólo de decir gracias, sino de sentir el agradecimiento. Elige qué es lo que quieres ver en tu vida aquello por lo que sientas agradecimiento se incrementará.

2. Revisa tu habitación. ¿Has visto la serie en Netflix de Marie Kondo? Aplica su filosofía, todo aquello que no te haga vibrar de emoción, todo lo que no te evoque momentos felices, déjalo ir. Recuerda que antes de donar, regalar o tirar debes despedirte de cada objeto y agradecer por todo lo que te proporcionó. Esto es importante, intenta ver la prosperidad como un río y permite que fluya, encontrarás mucha más información si escuchas o ves la entrevista que le hice a Anastacia Macías en el podcast sobre este tema. Imagina que tu contenedor se vacía y ese espacio pronto se ocupará, piensa que tu capacidad de recibir se expande porque en la medida en que recibas podrás contribuir más.

Cada uno de nosotros somos seres únicos e individuales. Somos el resultado de una combinación asombrosa de ADN, de experiencias y de emociones de miles de ancestros. Las experiencias extraordinarias, tanto positivas como negativas, que cada uno vivió, cada una de las personas que te anteceden ha dejado una nota en tu genética. Principio de generación. Además, es muy importante conocer la historia de tu madre y de tu abuela. ¿Cómo se sentían mientras estabas tú y tu madre en gestación? Cuando tu madre estaba en el vientre de tu abuela el óvulo que te creó ya estaba ahí y experimentó cada una de sus emociones a través de las sustancias químicas que ellas generan. Intenta ponerte en el papel de tu madre y de tu abuela. ¿Qué historias familiares conoces?, ¿cómo vivían tus padres?, ¿cuál era su situación económica?, ¿cómo era su relación?, ¿dónde vivían?, ¿con quién vivían?, ¿tu madre o abuela trabajaban fuera de casa? Trata de recrear su rutina durante el embarazo y las emociones que experimentaban. Tal vez imagines a una mujer que se sentía sola, con un esposo que pasaba la mayor parte del tiempo fuera de casa o quizá las circunstancias económicas en ese momento eran de escasez.

Ahora te invito a que trates de ver con ojos de espectador los primeros años de tu vida, hazte las mismas preguntas e intenta recordar cómo experimentabas la situación económica de tus padres. ¿Tu madre o padre te decía que no pidieras nada en casas ajenas?, ¿tus padres te preguntaban qué querías o te permitían escoger?, ¿expresabas con comodidad tus necesidades?, ¿podías elegir tus regalos de cumpleaños?, ¿recibías lo que pedías en Navidad?, ¿recuerdas si alguna vez tus padres te dijeron que no podían comprar tal o cual cosa porque costaba demasiado?, ¿te dieron consejos respecto al ahorro?, ¿te hablaron del dinero? Si hoy analizas sus creencias con respecto al dinero ¿qué te dicen?

Todo está en sincronía. Hace poco vivimos un suceso familiar en el que mi hijo se mostró renuente a compartir, todo ello nos hizo conversar acerca de la importancia de aprender a dar y a recibir. ¿Qué tan común te resulta el hombre que recibe dinero y no comparte de forma abundante con su pareja o familia?, ¿qué tan abierta está tu relación en el tema del dinero?, ¿puedes compartir cuánto ganas?, ¿conoces cuánto gana tu pareja?, ¿cómo se reparten los gastos?, ¿cómo hablan de finanzas?, ¿quién se encarga de ellas?, ¿se pusieron de acuerdo para asignar un porcentaje al ahorro?, ¿tienes la libertad para decidir en qué gastas tu dinero? Cuando alguna persona te obsequia algo ¿cómo te sientes?

Espero que las preguntas anteriores te ayuden a recordar tu infancia y a reconocer qué emociones y qué creencias se encuentran impresas como consecuencia de estas circunstancias. Tu cerebro se desarrolla y durante los primeros tres años de vida todos los caminos neuronales y conexiones que no son utilizadas desaparecen. En otras palabras, si las experiencias de carencia y limitaciones eran más frecuentes, esos serán los cimientos de tu desarrollo y tu estado mental actual. La buena noticia es que tiene remedio.

Es momento para aprender a dar y a recibir. No desde el ego, no para que yo tenga más. Dar para compartir mi prosperidad porque todos deseamos conectarnos y sentir que podemos agregar valor a la vida de otros. Principio de vibración. También es importante aprender a recibir con humildad, a valorar el gesto de quien da y permitirle que lo haga para que se cree un vacío y poder recibir mucho más. Dar y recibir genera un círculo, un flujo. Cuida desde qué emoción das y con qué emoción recibes. Aprende a recibir desde el merecimiento. Tú te mereces todo lo bueno, lo mejor.

Tú puedes crear nuevos caminos, nuevos hábitos, si reconoces las creencias limitantes y conscientemente dejas de prestar atención a lo viejo. Por el contrario, trata de enfocarte en aquello que se relacione con la nueva versión de tu futuro. Siempre propongo que el primer paso sea experimentar el agradecimiento. Agradecer nos obliga a ubicarnos en vibración de abundancia, porque al agradecer sentimos que eso ya está concedido.

Te invito a hacer el siguiente ejercicio de visualización: cierra los ojos e imagina que ves desde el exterior cómo las células que te formaron comienzan a multiplicarse. Ahora visualiza la gestación y pon atención en el cordón umbilical. Imagina que una luz de color dorada ingresa por medio de él. Observa el cordón umbilical e imagina cómo ingresa a tu cuerpo toda la información necesaria para que tu piel, tus extremidades, tu corazón, tu cerebro y tú tengan la certeza de que el Universo es abundante. Entonces visualiza e imagina desde el interior cómo se siente recibir esta información, siente cómo tus células aprenden sobre la abundancia, cómo se vive al saber que todo lo que necesitas para crecer y desarrollarte ya está garantizado. Después piensa que regresas al momento presente con esa información y siente cómo tu ombligo ubicado en el plexo solar experimenta esa misma sensación.

Intuición mi guía personal

La mayoría de nosotros pensamos que sólo determinadas personas son intuitivas, sin embargo, la intuición es una capacidad innata que todos poseemos pero algunos hemos olvidado atender su guía. Se nos ha enseñado a ignorarla y a no valorar aquello que no proviene de la razón. Creemos que el conocimiento debe ser resultado de un proceso o método sustentado en datos y razones. La intuición es una forma de percibir o de conocer sin que intervenga nuestra mente lógica.

La intuición se percibe con facilidad cuando cultivamos la coherencia mente-corazón, cuando estamos abiertos a aceptar como resultado aquello que vemos, sentimos o escuchamos en nuestras visualizaciones o meditaciones. La intuición se escucha con mayor fuerza cuando disminuimos las voces de inseguridad que nos dicen "Seguro es mi imaginación". Principio de vibración. Somos energía y nos conectamos con aquello que deseamos que suceda en nuestra vida y que resuena con lo que somos, con nuestra vibración. El pensamiento, la emoción y los sentimientos se traducen en energía, tal vez una forma de percibirla y de interpretar su señal es por medio de nuestros otros sentidos el hecho de que no podamos comprender cómo funciona la intuición no quiere decir que no exista.

Iniciamos un nuevo ciclo. La energía de una luna nueva que trae la promesa de realizar tus sueños, ¿qué anhelas?, ¿qué deseas?, desear algo no es malo, el deseo es una inclinación hacia un fin u objetivo. La clave está en conectarte con tu voz interior, abrirte a tu intuición y detectar la voz del ego. Mejor intenta responderte ¿para qué deseo esto?, así encontrarás si tu anhelo obedece a condicionamientos externos que el ego busca cumplir o si corresponde a un propósito de tu voz interior. Todos buscamos conectarnos con las demás personas y sentirnos valiosos de poder ofrecer nuestros dones al servicio de las demás personas.

Es momento de conectar con nuestra voz interior, de valorar la sabiduría ancestral, de reconocer que una parte de nosotros posee sabiduría, de practicar y escuchar a nuestra intuición, de utilizarla y de conectar con este don con más frecuencia. La práctica y nuestra intención hará que su forma de guiarnos sea más evidente y fácil de reconocer. Seguro que has escuchado a alguna persona cercana hablar de cómo sintió que un familiar experimentaba algo o pensar en esa persona cercana y después enterarse de que la persona vivió cierta experiencia. Tal vez te ha pasado al escuchar música, recibir mensajes, con campanas o algo similar que sólo tú puedes oír. ¿Has escuchado alguna vez que ciertas personas pueden ver el aura?, ¿has sentido la energía de alguna persona o lugar?

Si aprendes a escuchar y a seguir tu intuición la vida te mostrará sucesos extraordinarios en tu día a día, te abrirás a las sincronicidades. Este es el momento de soñar, de anhelar desde tu propósito, desde el corazón y comenzar a escuchar a tu intuición, atrévete a conectar con ella y a ver la magia en tu vida.

Ten la certeza de que eres tú quien crea su realidad, reconócete como el cocreador de tu vida. El arquetipo del mago posee la sabiduría que ha encontrado en su interior y requiere la humildad para responsabilizarse de su vida al expandir su perspectiva más allá del mundo físico. Para ello es necesario escuchar y conectar con la fuente de inspiración infinita que para algunos se trata de sus maestros, guías, ángeles o consejo técnico. Lo importante es imaginar la presencia de alguien con la experiencia que nos provea de esa inspiración, sabiduría o guía. El mago no utiliza su conocimiento para imponer su voluntad a la de su Ser superior sino que conecta con su Ser superior. El mago porta en su capa las imágenes de las estrellas para recordar que está hecho del mismo material que conforma el universo.

Para aprender a dejar de ser víctimas requerimos que ante las situaciones inesperadas siempre recordemos que hay una inteligencia creativa que nos sostiene, que es nuestra responsabilidad disfrutar del viaje y que lo que se presenta obedece al propósito. Ser mago no significa que dejarán de presentarse retos o situaciones incómodas en tu vida. Las crisis, los retos y las diferentes situaciones continuarán para que reconozcas las creencias de las que debes deshacerte. Aprender a no dejarte llevar por el drama de las situaciones, por el contrario, tomar distancia y reconocer que este momento pasará y que puedes construir el futuro y hacer los cambios que requieres en tu vida. Quien se presenta en tu vida es un espejo para que puedas ver una creencia en ti que hay que cambiar o algún patrón que debes transmutar.

Confía en que eres parte de algo más grande, que esa Inteligencia superior te sostiene y ha tejido un plan para que llegues a tu objetivo. Para desarrollar tu sensibilidad y reconocer las sincronicidades, las oportunidades y las señales que te acercan a tu objetivo debes confiar y tener la humildad de reconocer que esa Inteligencia superior o Poder superior te guía y que tus dones o habilidades están a su servicio. Puedes elegir personajes de la historia, de la mitología o diferentes arquetipos e imaginar que forman parte de tu consejo técnico y te brindan su guía. Puedes despertar tus sentidos para reconocer las señales que te da el Universo y que te muestran el camino a seguir.

Cada una de las experiencias que se presentan en la vida te sirven para que puedas crecer, reconocer lo que debes modificar o adquirir nuevas herramientas. Sé consciente del poder que posees del cocreador y que te sirve para cambiar lo que está en ti y entonces que el mundo exterior resuene con tu nueva versión. Principio de vibración.

Hace poco recordé una película protagonizada por Kate Hudson en 2005 llamada *The Skeleton Key* o *La llave maestra*. Ella llega a Nuevo Orleans ajena a las creencias locales comienza a creer que poseen la capacidad para hacerle daño, ella pensaba que lo que hacía la gente a ella le podía afectar pero eso no era más que su percepción. Y, como a la protagonista, quiero recordarte que tú eres quien crea la magia en tu vida y que son tus creencias las que te sanan. Aquello que tú eliges creer puede ser una herramienta poderosa así que elige cuidadosamente qué deseas que ocupe tu mente.

Cambio yo y cambia mi mundo

Lo que te afecta a ti me afecta a mí

> Lo que afecta a uno directamente afecta a todos indirectamente [...] Yo nunca podré ser lo que debería ser hasta que seas lo que debes ser. Así es como funciona este mundo [...] Esta es la estructura interrelacionada de la realidad.
> MARTIN LUTHER KING

Cada vez veo con más frecuencia noticias de acciones inspiradas en la solidaridad, la creatividad y el deseo de compartir. Personas que nos recuerdan constantemente que podemos elegir ayudar a quien es más vulnerable ante una crisis. En el momento en el que aparentemente estamos más solos se gesta un sentido de unicidad. Elegimos conscientemente actuar desde la creencia de que todos estamos interrelacionados, que lo que te afecta a ti me afecta a mí y ha sido el gran regalo de estos tiempos.

La autora Caroline Myss destaca que una vela apagada en un cuarto con luz pasa desapercibida pero una vela encendida en un cuarto oscuro hace toda una diferencia. De igual forma las acciones que cada uno de nosotros elegimos inspiradas por el amor, la compasión y el deseo de compartir crean un efecto dominó. La energía de tu acción impacta en la vida de otras personas y éstas, a su vez, tienen una influencia en quienes les rodean. Hoy leo a personas propietarias de empresas, restaurantes y negocios comprometidas con mantener el empleo de sus trabajadores, ocupadas por generar nuevas formas de vender para asegurar la fuente de ingreso de las familias de sus empleados. Todos estamos en esta situación juntos. Principio de correspondencia.

Muchas veces pensamos que el acto es pequeño, pero nada más alejado de la realidad, pues ese acto toca la vida de otros y la energía motiva acciones en muchas más personas. Un pequeño acto puede significar una gran diferencia. Sí importa en dónde decides adquirir tus productos.

Hoy podemos elegir con consciencia: cómo conectarnos con nuestra familia y amigos a distancia, cómo compartir nuestras actividades, emociones y aprendizajes del día. Hoy podemos elegir dónde adquirimos nuestros servicios e insumos para apoyar a la economía local. En este momento hemos decidido actuar desde la creencia de que el bienestar del otro es mi bienestar y la cultura cambia. Principio de causa y efecto.

Este momento ofrece la oportunidad para que la nueva creencia tenga raíces profundas en nuestro inconsciente y forme parte de nuestros valores. Deja atrás la idea de que se puede tener éxito a costa de las necesidades de los demás. El sentido de unicidad es algo maravilloso de esta situación.

Tú puedes hacer una gran diferencia con un pequeño acto, es imposible conocer la importancia de tu legado si te centras sólo en ello, tienes que considerar el efecto dominó y tener la certeza de que tu acción contribuye a algo más grande. Hoy inspirémonos y actuemos con consciencia. Actúa de forma íntegra cuando ofrezcas un servicio u objeto a las demás personas. Si con tal de cerrar el trato te atreves a generar expectativas que sabes que no puedes cumplir o vendes un producto que a ti no te convence a nivel inconsciente sólo generas vergüenza o culpa. Por el contrario, si procuras dar más de lo que espera la otra persona tu confianza en tu valor aumentará.

Elige tu propia ruta

Como personas somos únicas, de igual forma lo son nuestros caminos, no hay dos iguales porque nosotros no lo somos, por ello es de vital importancia lograr la ecuanimidad y el equilibrio entre el corazón y la mente. Requerimos de una brújula interior para reconocer hacia dónde dirigirnos, nuestra intuición está ahí y únicamente necesitamos aprender a conectarnos y a ver las señales, actuar con consciencia y compromiso. Se trata de conducir nuestra propia vida, estar al volante, elegir la ruta y tomar la responsabilidad de esa elección, aunque muchas veces vamos en el asiento del pasajero y esperamos que nuestro destino se revele como por arte de magia. Principio de mentalismo.

Todas las emociones contienen mensajes y es importante reconocerlos. En algunas ocasiones nuestra mente puede ver los detalles de nuestra vida, como si se tratara de un rompecabezas, reúne las piezas y reconoce la imagen. Sin embargo, para no experimentar el dolor de la verdad nuestra mente se protege y recurre a la negación. Esta situación proviene desde un ego que tiene miedo al fracaso, a la vergüenza y a la culpa. Ninguno de nosotros deseamos experimentar dolor pero para sanar tenemos que aceptar la realidad, lo que no nos gusta y entonces poner la intención en cambiar.

Culturalmente nos han predispuesto para usar distractores: maratón de películas, videojuegos, comida, reuniones, etcétera. Todo el ruido exterior que nos distraiga de encontrarnos con nosotros mismos. Esto tiene que cambiar pues sólo en nuestro interior podremos descubrir aquello que nos apasiona y seremos capaces de apreciar nuestra historia aunque incluya nuestras fallas para amarnos por quienes somos.

Nos enseñaron a esconder emociones como el deseo o la envidia. Pero como ya he dicho, la negación en nada ayuda. El deseo nos muestra lo que anhelamos y, mientras estemos vivos, desearemos el cambio, también nos hace salir de la zona de confort y buscar crecer para obtener aquello que deseamos.

¿Cómo reconocer si lo que deseo proviene de mi ego o de mi interior? Lo descubres si pones tus dones al servicio de los demás, cuando consideras que los recursos de este mundo se encuentran limitados, si analizas el impacto de tu deseo (huella ecológica) y las personas que se beneficiarían con dicho plan y tu propósito (lo que te apasiona a ti).

La envidia te permite reconocer con facilidad que alguna característica o habilidad que admiras en otra persona es anhelada en tu interior. Tienes que saber que aquello que reconoces ya lo tienes en tu interior, como una semilla que espera ser cuidada para crecer. Cuando otra persona reciba prosperidad, siente la gratitud porque esa persona te muestra que todo es posible. Está rompiendo un techo de cristal para ti también.

Elige conducir tu vida, tu ruta y tu destino. Recuerda que no se trata sólo de llegar a tu objetivo sin importar el cómo, se trata de llegar a tu destino y disfrutar el viaje. De nada sirve tener éxito si pierdes tu salud, familia, amigos u otras áreas de tu vida en el camino. Igualmente es importante conocer tu vehículo, ¿de qué sirve poseer un auto lujoso si no tienes idea de cómo funciona o donde tiene el motor? Si quieres lograr tus objetivos conócete, conoce tu cuerpo. Elige nutrir a tu mente, tu cuerpo y tu espíritu con lo mejor. No es el objeto en sí mismo lo importante, es lo que te hace sentir y vivir esa experiencia.

El ahora es el resultado de lo que tú, inconscientemente o conscientemente, creaste en el pasado. Prepara tu viaje, haz un plan de vida, rodéate de aquellas personas que tengan las características o habilidades que deseas incorporar o que buscan objetivos similares. Lee sobre quien consiguió algo parecido, descubre mentores o guías, contáctalos o aprende de lo que han escrito.

Sé el conductor de tu vida, elige tu ruta, tu destino y disfruta el viaje.

Diseña tu vida

Hay personas que se preguntan constantemente ¿por qué me pasa esto a mí?, que se quejan y disfrutan tener el papel de víctima. En cambio otras deciden tomar el control de su vida y ante una crisis se preguntan ¿para qué?, ¿qué enseñanza me trae esto?, se apropian de su historia y consideran que el resultado que obtuvieron se debe a sus acciones y por tanto, se deciden a cambiar.

Cuando consideras que no tienes el control y que la vida te presenta de golpe tantos problemas que tú no tienes la posibilidad de cambiar, te sientes impotente ante las circunstancias y vienen los sentimientos de desesperanza y ansiedad, asumes el papel de víctima, lo validas y lo haces tu realidad.

Por el contrario, cuando tomas la responsabilidad de los resultados y asumes que lo que se presentó en tu vida es lo que tú atrajiste en algún momento de tu pasado, sabes que este momento es el que tienes para sembrar un futuro distinto. Principio de causa y efecto. Si tomas el control de tu vida recuperas tu poder personal, ese que viene de saber conectarte con la naturaleza, con los demás, con tu propósito, tu intuición y de equilibrar tus emociones.

Imagina que estás en un terreno para construir un edificio, ya tienes el material y los trabajadores pero no tienes los planos. En tu vida es igual. Es importante tener claridad de ¿qué es lo que deseas?, ¿por qué?, ¿para qué? ¿Cuántas veces te has tomado el tiempo de planear tu vida y reconocer que tú eres un ser holístico que tienes diferentes áreas que atender: salud, desarrollo personal y profesional, relación sentimental, familiar y de amistad, finanzas, espiritualidad, entre otras?

Para cambiar primero hay que tomar consciencia, fijar la intención y actuar. Planea tu vida al elegir los valores que guiarán tus acciones, recuerda que las personas que te rodean te alimentan de sus hábitos, creencias y valores, por ello elige con cuidado a quién le das tu tiempo y de quién te rodeas. Permite que tu mente diseñe el plan de tu vida para que obtengas lo que deseas en los diversos aspectos de ella, para cada área fíjate acciones que te acerquen a tu meta.

Se trata de que conscientemente desarrolles nuevos hábitos que estén alineados a todo lo que ya elegiste y visualizaste como tu nueva vida. Reconoce que las circunstancias que te rodean hoy son el resultado de tus creencias y hábitos, así, conscientemente ahora diseñas tu futuro y fijas cómo lo obtendrás. Recuerda que una gota de agua que cae constantemente tiene tanta fuerza como para romper una roca.

Haz una pausa en tu vida para conocerte. ¿Cuáles son tus fortalezas?, ¿cuáles son tus debilidades?, ¿qué es lo que quieres que se presente en tu vida en los próximos años? Al diseñar tu plan recuerda visualizar tu experiencia como si ya la vivieras, recrea las emociones y las sensaciones que te producen. También recuerda, al igual que cuando vas a un restaurante y haces un pedido al mesero, no preguntas constantemente cómo va el chef con la preparación de tu platillo, de igual forma suelta tus expectativas de cuándo o cómo se presente el resultado.

Imagina un conejo que tiene atado un palo con una zanahoria al extremo y brinca hacia adelante para intentar alcanzar la zanahoria, fija tus metas como el conejo y considera que lo importante es que cada día serás una mejor versión de ti y tú habrás avanzado más cerca de tu objetivo.

Para poder atraer a tu vida todo lo que deseas primero hay que descubrir qué es lo que deseas. Una vez que tienes esa idea debes visualizar los detalles específicos del plan concretado y experimentar en tu cuerpo que vives esas circunstancias y el proceso para llegar a ellas. Con frecuencia la mayor dificultad radica en conocernos lo suficientemente bien como para elegir lo que en verdad anhelamos.

¿Qué sueños posees?, una pregunta que debe responderse con honestidad y, una vez que tienes la respuesta, hazte muchas más preguntas como ¿por qué deseas eso?, ¿para qué lo quieres?, ¿ese anhelo es tuyo o de alguien más?, ¿ese anhelo o deseo lo elegiste en el pasado?, ¿lo elegirías hoy?

Imagina que tienes en tu interior un genio de la lámpara maravillosa que te concede el deseo y, al vivirlo, descubres que es el esquema o el ideal que alguien te sugirió o que elegiste cuando veías el mundo de otra forma, eso sería muy lamentable. Es como si imaginaras que sigues el camino o el plan que soñaste en tu adolescencia, ¿sigue siendo atractivo?

Cuando era pequeña el mayor sueño de nuestros padres era que tuviéramos una profesión, en la actualidad hay muchos negocios exitosos de jóvenes que han decidido formarse lejos de las universidades o de una manera no convencional. Si tú aún posees la creencia de que solicitar mucho trabajo es un paso indispensable para la prosperidad tendrás como resultado una carga laboral muy pesada, poco tiempo para dedicar a tus otras áreas y no necesariamente la prosperidad económica. Se vale cambiar de plan.

La introspección, el autoconocimiento y el desarrollo personal son importantes para poder observar tus creencias y confrontarlas con otras distintas. El hecho de adquirir conocimiento y nuevas formas de ver la vida gracias a un libro, un podcast, una conversación o cualquier otra forma de salir de tu yo de siempre es de mucha utilidad. Cuando dialogues contigo o medites y busques respuestas recuerda si vienen a ti de golpe o si resultan de una explicación. La razón trata de engañarnos y te presentará toda una historia para convencerte pero las verdaderas respuestas de tu intuición sólo se presentan. Principio de generación.

Pero, además de la meditación y la introspección hay una gran guía en otras áreas y a menudo son olvidadas o ignoradas, por ejemplo:

Los deseos. Culturalmente nos han hecho sentir que desear algo es malo. Nuestro ser y esencia siempre quiere recibir y eso no está mal. Si tú te haces las preguntas correctas respecto a un deseo quizá descubras anhelos y propósitos que son importantes para ti, es decir, el deseo es una guía y puedes aplicar filtros para que sea alineado con tu corazón y no que surja desde el ego. ¿Para qué lo deseo o cómo puede contribuir a ser servicio de los demás? Cuando te haces este tipo de cuestionamientos puede ser que tu voz interior responda desde la falta de merecimiento y te hará creer que eso que deseas no es importante y mucho menos necesario porque hay otras prioridades. En este caso también hay que aplicar filtros que te permitan estar en primer lugar, siempre que no se dañe a otros, todo ello es parte de generar una relación contigo y cumplir con tus necesidades. Si no satisfaces ese deseo tu inconsciente generará la idea de que tú no eres importante, cada que recuerdes esa insatisfacción y esa emoción no beneficiará a nadie. Principio de causa y efecto.

Como lo dijimos antes, la envidia es una emoción que nos han dicho que no debemos sentir, que hay que desterrar y pareciera que, al menor indicio de ella, tendríamos que esconderla, cancelarla o borrarla, sin embargo, al hacerlo pierdes su mensaje. Cuando surge la envidia hay una parte de nosotros que desea vivir lo que la otra persona está viviendo. El ego, cuando se siente herido por no vivir ese deseo tratará de protegerse y reaccionará, recuerda agradecer porque esa persona te muestra que es posible. Te invito a reflexionar con honestidad ¿qué es lo que me impide a mí vivir esa situación u obtener esos resultados? Cuando sientes envidia de las circunstancias que otra persona experimenta es una gran señal de que esas circunstancias son un anhelo invisibilizado en tu vida. Agradece la oportunidad de reconocerlas y formúlate las preguntas correctas para que descubras lo que deseas. ¿Qué características poseen las personas que tienen eso que envidio?

Finalmente lo importante es elegir, experimentar y actuar. Si no obtienes el resultado deseado ya te transformaste tienes la experiencia y puedes modificar el proceso o elegir algo distinto.

De la planeación a la acción

No esperes. El momento nunca será el adecuado. Empieza donde estés ahora. Trabaja con lo que tengas a tu disposición y encontrarás mejores herramientas a medida que sigas adelante.
NAPOLEON HILL

He escrito sobre la importancia de revisar los aspectos que deseamos, lo que nos gusta y lo que ya no nos sirve para diseñar nuestra vida. Una vez que tienes claridad en tu diseño y puedes descubrir el para qué de cada una de las áreas conoces tu propósito y tu motivación, ahora ya puedes pasar a poner en práctica tu diseño o plan.

Cuando lo implementes considera los siguientes aspectos:

1. Tu energía y tiempo son limitados. Imagina que eres un transmisor y envías una señal al Universo, a la Fuente o a Dios. Es imposible que una cosa puede ser y no ser al mismo tiempo. Si durante el día brindas tu atención a aquello que no te gusta o a lo que te parece mal es como si pidieras "Dame más de esto". Ten en cuenta que la ciencia ha probado que el cerebro se modifica en las personas que tienen el hábito de quejarse. Siempre puedes elegir a que le brindas tu atención, qué emoción deseas experimentar en este momento, recuerda que el pensamiento y la emoción: crean.

2. Selecciona las características de las personas que te rodean. En familia, puedes hablar de prácticas comunes para evitar escuchar quejas y tratar de guiar las conversaciones en el hogar con una actitud mental positiva. Practica en familia comenten situaciones y encuentren respuestas "lo bueno de esto es…". En cuanto a la gente a la que brindas tu tiempo en reuniones sociales tienes que saber que durante

su convivencia su forma de pensar, sus creencias y los valores se comparten y quedan impresos en tu inconsciente.
Por lo tanto, elige sabiamente a las personas con las que
compartirás tu energía y tu tiempo. Si decides dejar atrás el
papel de víctima y conforme tú adquieras nuevos sistemas
de creencias encontrarás resistencia en quienes te rodean.
Las personas a tu alrededor quieren que continúes con el
mismo rol, porque si tú te comportas distinto las obligas a
reflexionar y a salir de su esquema habitual ellas intentarán
que converses como lo hacías antes y que tu comportamiento sea como el de antes. Mejor rodéate de las personas
que tengan las cualidades que deseas incorporar en tu vida.

3. Selecciona al menos tres personajes que hayan logrado lo
   que anhelas, estudia sus vidas, lee a quienes ellos leían.
   Introduce en tu vida prácticas y hábitos que te acerquen a
   tus objetivos, haz de tu objetivo un hobby. Ten imágenes
   visuales de ese objetivo que puedas ver durante el día o
   antes de dormir te servirá para introducir en tu inconsciente la nueva forma de pensar. Napoleon Hill, autor del
   célebre libro *Piense y hágase rico* y *La ley del éxito*, entre
   otros, recomendaba tener cada noche una conversación
   imaginaria con los 3 personajes elegidos para absorber
   sus características. El inconsciente es quien transmite la
   señal al Universo y también recomienda tomar el control
   de lo que permitimos que programe nuestro inconsciente.
   Cuando lees las historias de otras personas, sus procesos
   y sus herramientas, tú te beneficias y pronto descubrirás
   que en tu diálogo interior las frases del autor comenzarán
   a aparecer y a refutar tu sistema de creencias. Será así hasta
   que las creencias anteriores se disuelvan.

4. Ten cuidado de no compartir tus objetivos con cualquier
   persona. No necesitas escuchar frases desalentadoras, hay
   quienes ven el mundo desde sus expectativas y heridas
   aunque puede ser que tengan la mejor intención de darte
   un consejo lo pueden hacer a partir de sus miedos, pero
   ellos son los que temen si te ven fracasar. Mejor busca una
   o dos personas con actitud positiva que puedan ayudarte
   a creer que es posible alcanzar tus metas. Cada persona es

única y posee un sistema de creencias que le hacen enviar una señal al Universo. Lo que te funciona a ti puede ser que no le funcione a otro. El autor Joe Vitale, en su libro *The atractor factor,* comparte que él voluntariamente introdujo la creencia de que mientras más gasta más abundancia llega a su vida, para él es válida y dicha creencia funciona. Yo reconozco que en mí esa frase hace que mi cuerpo me trate como a una mentirosa, es como si le diera una aplicación muy reciente al teléfono o un sistema operativo que no puede soportar, necesitaría mejorar mi equipo para que esa aplicación corriera.

Nada en la vida sucede por casualidad, tú eres quien crea tu vida y consciente o inconscientemente las personas, circunstancias, objetos o experiencias que llegan a tu vida están ahí porque las atraes. Carl Jung creó el concepto de sincronicidad para referirse a dos sucesos vinculados pero en el que uno no es la causa del otro, es una coincidencia en el espacio tiempo de dos sucesos relacionados significativamente y cada uno de estos sucesos tiene una razón propia, no son causa y efecto o dicho de otra forma provienen de una cadena de hechos ajena al otro. En el origen tu capacidad de atracción es la causa.

Si no lo has atraído conscientemente es momento de que revises qué programación o hábitos están en tu inconsciente. Los patrones que se repiten en tu vida y en la de tu familia te pueden dar una clara idea de las creencias que han originado tu realidad.

Aún recuerdo las historias del 11 de septiembre, las personas que salvaron su vida por obstáculos en el camino a su trabajo, al principio se irritaron, se enojaron y se frustraron por no poder llegar a tiempo pero después tuvieron la oportunidad de asimilar que, gracias a ese contratiempo, habían salvado su vida. Te invito a que la próxima vez que conduzcas te relajes y adoptes esa actitud. Todo lo que pase en el camino es para mi bienestar aunque no lo parezca. Recuerda que los otros actúan lo mejor que pueden, es decir, dan lo que tienen.

Principio de vibración. Si alguien acciona de forma agresiva, habla de lo que esa persona carga. Tú puedes decidir ver la oportunidad de brindarle una sonrisa desde la compasión.

Lo que sucede a tu alrededor es una señal del Universo y puedes optar por no verla o por reflexionar respecto a la información que te ofrece. En ocasiones, encuentras personas que son el espejo de lo que el Universo utiliza para que veas lo que no te gusta en ti, aquellas que se quejan con frecuencia o utilizan la crítica y el chisme o las que se irritan u ofenden con facilidad. Esos momentos son una oportunidad para que observes a la distancia qué es lo que el Universo te quiere mostrar de ti mismo. Las emociones que se activan te ayudan a mostrar las heridas y hábitos que hay que sanar en ti.

Si las coincidencias te son agradables analiza ¿qué es lo que me ha gustado?, ¿quiero que se repitan más experiencias similares?, ¿por qué?, ¿para qué? Quizás al responderte estas preguntas descubras que lo que ahora posees es una nueva pasión y que tu propósito ha cambiado. El Universo entonces te envió las señales para que experimentaras lo que sentirías al vivir tu nuevo propósito o más experiencias como esas en tu día a día.

¿Qué tipo de personas, objetos y circunstancias deseas en tu vida? Lo primero es diseñarlo con claridad y abajo te pongo los links donde ya he escrito al respecto.[23] Una vez que sabes los detalles de tu visión y el para qué deseas eso, visualiza cómo sería vivir esa faceta de tu vida. Como si tu versión del presente ingresara por unos minutos a tu cuerpo futuro, se requiere sentir la emoción de lograr ese plan, de ver el beneficio o impacto que tu logro tiene para tus seres queridos y para la comunidad. Un amigo me acaba de enseñar que más

---

23 https://espirituamatista.com/2021/01/24/como-elegir-lo-que-realmente-deseo/
https://espirituamatista.com/2020/09/27/elegir-nuestra-propia-ruta/
https://espirituamatista.com/2021/03/14/intuicion-mi-guia-personal/
https://espirituamatista.com/2021/04/04/escucha-a-tus-guias/

que sentir se obliga al cuerpo a experimentar los cambios físicos de aquella escena. ¿Cómo camina una persona así?, ¿se te pone la piel de gallina por el frío?, ¿cómo es tu postura, tu espalda, tus hombros?, ¿estás relajado?

La mente no distingue entre lo que visualiza y lo que pasa en la vida real. Cada vez que reproduces esa escena en tu mente, tu cuerpo se transforma, se hacen cambios y con la práctica tus células y tu cuerpo emitirán esa vibración. Tú te convertirás en lo que quieres atraer, nada es casualidad, todo está ahí por una razón.

Ahora quiero abordar la importancia de distinguir entre el camino que elegimos y las estrategias que podemos usar. Lo primero que debemos saber es que cada uno de nosotros tenemos un camino único, de nada sirve seguir el camino de otra persona. Es como si te quisieras poner el traje o vestido diseñado específicamente para el cuerpo, características, circunstancias y condiciones climatológicas de otra persona. No hay un solo camino ni una sola forma de vivir. Cada persona posee dones, habilidades y características que la hacen única.

Cada uno de nosotros tendrá sus propios retos a vencer. Atraemos aquellas circunstancias o crisis que nos permiten desarrollar habilidades, obtener herramientas o adquirir la sabiduría necesaria para continuar en el camino del crecimiento. ¿Por qué deseamos crecer?, porque queremos brindar lo mejor de nosotros a los demás. Podemos leer la biografía de otras personas para obtener inspiración pero no podemos esperar que, al recorrer su camino, lleguemos a nuestro objetivo.

Por otra parte podemos informarnos respecto de las estrategias que otras personas emplearon para obtener sus objetivos. Una estrategia es un proceso meticulosamente analizado, es la descripción de un conjunto de pasos o acciones que, al seguirlas, llevan a un resultado. Puede ser que nunca hiciste un platillo pero confías en que al seguir la receta lo puedas lograr. De igual forma, hoy puedes adquirir un lienzo con números y pintar de acuerdo con la guía de colores y números en las instrucciones para obtener la imagen deseada.

Cada vez que otra persona comparte el resultado de su experiencia y sabiduría, en un proceso o estrategia, hace posible que otros puedan alcanzar esos resultados. ¿Por qué compartir el conocimiento?, porque cada vez que compartimos la información logramos un mayor aprendizaje y porque al hacerlo damos a los demás. Lo que te sirve a ti puede que no le sirva a otro, sólo se puede saber tras la experiencia. Si no intentas no puedes saber si te gusta, un ejemplo es la meditación, algunas personas lo hacen mientras corren o nadan, otras en silencio en la naturaleza, otras en determinado lugar o postura. Cada uno tiene que descubrir qué es lo que mejor le sirve y eso sólo se logra al experimentar.

En ocasiones tenemos miedo de incursionar en nuevas rutas, nos asusta lo desconocido, queremos la comodidad de la certeza. Los inuit (esquimales) poseen distintas palabras para referirse a la nieve o al color blanco y es que en su ambiente es necesario reconocer por dónde se puede caminar, cuál nieve se puede comer o con cuál es posible construir. Esto es únicamente un ejemplo de cómo el conocimiento especializado de un tema puede hacer la diferencia entre sobrevivir o no. ¿Quieres hacer algo distinto?, entonces busca información, aprende de las estrategias utilizadas por otras personas e incorpora nuevas herramientas. Pide guía y se te dará, llegarán a ti las personas o la información necesaria, quizá mediante un libro, un podcast, un cliente o una amistad.

Una casa no se construye de la noche a la mañana, se logra gracias a que se coloca un ladrillo a la vez, confía en la eficacia de la constancia y la determinación. Si vas a aprender algo nuevo utiliza como referencia algo que ya domines, es mucho más fácil para nuestro cerebro comprender algo por medio de la analogía. Además podemos desarrollar nuevas conexiones neuronales y con el tiempo comprender a mayor profundidad un tema.

Ahora te pido poner atención en tu camino. ¿tú lo elegiste?, ¿es el que eligieron para ti?, ¿es el que creías que debías seguir porque lo hacen los demás?, ¿qué es lo que a ti te hace feliz?, ¿qué es aquello que te gustaría hacer aunque no te pagaran?, ¿qué habilidades posees? Recuerda que en ocasiones el miedo nos indica que estamos por salir de la zona de confort a lo desconocido, pero es justo aquí donde hay aprendizaje y no necesitas ir en la oscuridad, puedes llevar contigo las estrategias de los demás, ponerlas en práctica, evaluarlas y decidir si hay que modificarlas o adaptarlas para nuevamente experimentar y evaluar el resultado. Tú traza tu camino o ruta pero decide qué herramientas y estrategias llevarás contigo.

Si lo crees, lo atraes

Todos poseemos creencias, ideas o pensamientos que asumimos como verdaderos, sin embargo, no existe una verdad absoluta. En el momento en que consideramos que poseemos la verdad absoluta nos hemos cerrado, impedimos el crecimiento. El contacto con las otras personas y con sus creencias nos permiten reconocer las propias para analizar si contribuyen o no a nuestro bienestar. Nuestras creencias influyen en: hábitos, estilo de vida, forma de expresar el amor y el afecto, forma de trabajar, la salud y la forma en que vemos el mundo.

Aquello en lo que creemos se convierte en un filtro por medio del cual percibimos lo que nos sucede día a día. Tus creencias te sanan, si lo crees lo creas, son frases muy reconocidas y utilizadas que contienen una gran verdad. Muchos hablan de la Ley de Atracción pero pocos te dicen que de nada servirá cuánto repitas una frase, cuánto te visualices si continúas con creencias limitantes. Es el autoconocimiento el que nos permite revisar aquellas creencias que queremos elegir en nuestras vidas. Los pensamientos son energía, son vibración. Tus creencias son lo que permiten que tu vibración, que tu señal al Universo, sea la que atraiga situaciones, objetos y pensamientos de la misma vibración.

Cada uno de nosotros tenemos un impacto en quienes nos rodean y también la posibilidad de impulsar el sentido de seguridad, la apreciación, la esperanza y el amor en nuestra comunidad. ¿Qué es lo que quieres ver afuera?, eso que deseas ver ¿cómo puedes sentirlo en ti? Todos hablamos de salud y de bienestar ¿cómo puedo yo sentir en este instante que soy saludable?, ¿cómo puedo yo sentir que soy bienestar y prosperidad? Si yo soy el cambio que quiero ver en el mundo, entonces yo me ocupo de integrar creencias que me permitan experimentar la emoción de aquello que quiero. Yo tengo que creer que soy y poseo en mí aquello a lo que le voy a prestar atención.

Si pido algo, parto de que no lo tengo, si pido porque no lo tengo estoy en carencia y esa emoción atraerá más de eso. Cuando encuentras la forma de experimentar la emoción de lo que deseas es la señal que emites y que te permite conectarte con objetos, experiencias y personas que poseen la misma frecuencia. Una forma sencilla de hacerlo es conectar con la emoción de agradecimiento. No sólo es dar gracias, es sentir la emoción de gratitud, incluso la puedes experimentar por aquello que visualizas en un futuro en tu vida y que sabes que ya es tuyo.

Un pensamiento negativo o una creencia limitante se traducen en una barrera que impide que obtengas lo que te mereces y anhelas porque una parte de ti no lo cree posible. Todo pensamiento limitante es energía que se encuentra en tu cuerpo. Principio de mentalismo. Si tú tienes un anhelo intenta decir: "Yo soy" y añade lo que deseas. Tu cuerpo te va a indicar los lugares de resistencia, te mostrará las ideas, los pensamientos y las creencias que te impiden creer lo que afirmas y sentir eso que deseas. Es entonces cuando puedes imaginarte que encapsulas esa energía, que la sacas de tu cuerpo y la elevas a algún lugar del Universo para liberarla y dejarla ahí donde no pueda afectar a nadie.

Por cada pensamiento negativo que descubras trata de introducir al menos otras dos creencias que sean benéficas y positivas. Lo ideal es reemplazarlas constantemente para poder acceder a todo lo que nos merecemos, pero ello implica revisar nuestra historia familiar. Principio de generación. En nuestra familia compartimos muchas creencias que son el resultado de la experiencia, miedos y heridas de otros, revisa con honestidad todas aquellas mentiras que te dijiste y que convertiste en verdad. Principio de mentalismo. ¿Cómo puedo hacerlo más fácil? Convive, lee, observa a otras personas. Propicia conversaciones profundas para que puedas conocer ¿cómo ven la vida?, ¿qué creencias les permiten tener tranquilidad, paz, salud, amor?

Reinvéntate al utilizar encantamientos

Según el diccionario de la *Real Academia Española* la palabra "encantar" proviene del latín *incantare* y uno de sus significados es someter a poderes mágicos, "cantar" es producir sonidos melodiosos con la voz. La palabra *encantar* nos evoca la habilidad de lograr que ciertos acontecimientos sucedan, su término quizá te remonte a las historias del mago Merlín y a los cuentos de hadas. En cada época distintas personas nos han mostrado el poder de las palabras y nos indican la importancia de tomar conciencia de ellas.

Es célebre la frase de Gandhi "Cuida tus pensamientos porque se convertirán en tus palabras. Cuida tus palabras porque se convertirán en tus actos. Cuida tus actos porque se convertirán en tus hábitos. Cuida tus hábitos porque se convertirán en tu destino".

El poder de las palabras y la vibración con la que se dicen hacen la magia. Esa vibración varía según la emoción. La palabra y su intención poseen una vibración distinta según la emoción que la alimenta. Tu cuerpo te permite expresar y sentir dicha emoción que acompaña a la palabra y es la combinación de ambas lo que hace que se logre el encantamiento. Principio de vibración.

A inicios del siglo xx el doctor Émile Coué desarrolló el término de autosugestión, técnica con la cual la persona guía sus propios pensamientos, sentimientos o comportamientos. Una de sus frases más célebres es "Cada día, en todos sentidos, estoy mejor y mejor". Te invito a repetir esta frase e imaginar que estás leyendo los ingredientes contenidos en una caja de cereal. Ahora intenta visualizar tus células, ve cómo se llenan de luz mientras tú te llenas de energía dorada que recorre todo tu cuerpo y se expande a tu alrededor, te puedes dar cuenta de los cambios en tus células y átomos hasta que imaginas esa nueva versión de ti y ahora sí repite la misma frase pero con emoción. Yo te aseguro que tu entonación y la energía que transmites al decirla es completamente distinta.

El poder de la autosugestión lo estudian diversos campos de la ciencia y aplicado en la mercadotecnia. ¿Qué esperas para ser consciente de tus encantamientos?, ¿qué esperas para tomar conciencia de la forma en que te hablas a ti misma(o)?, ¿cuándo vas a detener el hábito de insultarte ante el error, de menospreciar tus logros o de quejarte?

Tu diálogo interior, importa y mucho. Tu *mindset* o conjunto de pensamientos que definen cómo interpretas la realidad es tu mejor herramienta para atraer a ti lo que deseas. Inicia por tener un mejor diálogo contigo, por cuidar tu enfoque y prestar atención en aquello que encantas.

Recientemente la empresa Disney nos mostró la historia de Wanda, la bruja escarlata en la serie Wanda-Visión. En uno de los programas se evoca el poder del caos, de la energía femenina, de la creación. En la historia Wanda es confrontada por otra mujer quien se revela como bruja y le refiere que ella también lo es. La bruja desafía a Wanda por tener el poder pero no saberlo utilizar. Gracias a la crisis que enfrenta Wanda descubre quién es y busca el conocimiento y las herramientas para utilizar su poder con sabiduría.

Así como Wanda tú eres quien tiene el poder para lograr lo que te propongas. Inicia por prestar atención a tus encantamientos, a tus palabras y a la magia que generas. No esperes a que la crisis se presente, comprométete con tu desarrollo personal. Aquello a lo que le prestas tu atención se magnificará en tu vida. ¿Qué es lo que sí quieres?, ¿qué eliges ser?, ¿cómo puedes contribuir con los demás?, ¿qué te gusta hacer? Busca hacerte preguntas que te permitan descubrirte y reinvéntate al utilizar encantamientos. Comparte las frases o pensamientos que utilizas como este: "Yo me abro a recibir la prosperidad en mi vida, el dinero llega a mí de forma fácil y divertida".

¿Por qué no me funciona la Ley de Atracción?

La realidad que vives en este momento y sus circunstancias son el resultado de lo que creaste en el pasado. Hoy tú ya no eres la versión de tu pasado. Sin embargo, esas circunstancias que vives te ofrecen la oportunidad de que reflexiones ¿qué señal transmito al Universo?, ¿cuáles son las creencias que poseo y que atraen esas circunstancias? Principios de vibración y correspondencia. Las creencias que corren como un programa, que detonan respuestas, acciones y hábitos que vemos como normales, son las más difíciles de descubrir. En esta ocasión te compartiré una de las razones por las que la Ley de Atracción puede no tener los resultados que deseas y cómo solucionarlo.

Durante mi niñez la transmisión de programas de televisión para la infancia se hacía únicamente a determinada hora. El horario infantil incluía comerciales, incluso comerciales dirigidos a adultos. No me había percatado de la diferencia cultural que para las nuevas generaciones representa hasta que en una ocasión mi hija menor veía su programa y éste se interrumpió por un comercial, ella no entendía qué pasaba. Lo que adquirimos y creemos como "verdades" no son cuestionadas por nosotros y en realidad sólo son un punto de vista. El autor Gary M. Douglas explica que cuando luchamos en contra o defendemos un punto de vista creamos resistencia, el autor sugiere simplemente cuestionarnos respecto de este punto de vista. Para mí significa permitirle a esta idea y a la persona que la posee vivir con cierto programa. Tener claro que si tú tratas de convencer a alguien de que algo no es verdad ya le brindaste energía a esa idea y todo aquello a lo que le brindas energía y atención crece. Permite que el otro tenga derecho a decidir con qué creencias vive. Cada uno de nosotros tiene trabajo suficiente cuando descubre sus propias creencias más profundas, elimina lo que no sirve, incorpora ideas benéficas y constantemente revisa el resultado para volver a iniciar el proceso.

El ciclo para revisar, eliminar, incorporar, implementar y evaluar debe ser constante porque deseamos ser una mejor versión de nosotros mismos. En mi propio proceso me he dado cuenta de que no era suficiente con inspirarme en lo que otros han hecho ni con adquirir herramientas o información en cuanto al manejo de finanzas. En el fondo aún se presentaban momentos en los que experimentaba culpa, miedo, ansiedad o me sentía como una impostora, descubrí que me negaba a encontrar lo que la emoción me indicaba como si el dolor evitara sumergirme en el mar de emociones. Aunque sé que ese mar es incómodo, está oscuro y da miedo no ver lo que pueda surgir pero, al confiar en mis habilidades pude descubrir el tesoro que estaba oculto. Esa sabiduría que ayuda a trascender la emoción y a resignificar una vez que logras ese reto no se vuelve a presentar. Es como si pasaras a otro nivel en un juego de video. Principio de correspondencia.

Así que comparto con ustedes lo que hasta el momento he aprendido:

La programación que está grabada en nuestro núcleo y que corre de forma automática emite una señal al Universo. Cuando nosotros afirmamos o queremos visualizar el futuro que deseamos el cuerpo no se siente cómodo porque hay una interferencia, por ello hay que revisar nuevamente nuestro sistema de creencias.

Si tu relación con el dinero o las finanzas te genera angustia, miedo, ansiedad o culpa, muchas veces esas emociones se presentan porque nos sentimos enojados con nosotros mismos y creemos que no somos capaces de alcanzar otro resultado. Perdona a tu versión del pasado, reconoce su camino y sus logros. Recuerda que este momento, este instante en el presente es el que te ofrece la oportunidad de cocrear tu futuro y el Universo apoyará lo que tu señal transmita.

No te preocupes por cómo va a suceder ocúpate de ser una versión distinta, de ser eso que deseas, de igualar su vibración. Hasta ahora ese me parece el mayor reto: descubrir que existen creencias arraigadas que me hacen centrarme en el precio de las cosas y considerar que el lujo es ostentoso, excesivo y algo por lo cual se debe recriminar. Aprendí que hay que ver el valor en las cosas que deseas y atreverse a probar, sentir, tocar o vivir esa experiencia o alguna similar. Inspírate y reflexiona porque eso es valioso para ti y qué valor agregaría a la vida de quienes te rodean. Vive esa emoción y deja que tu cuerpo la aprenda. Recuerdas la frase "Juega, toca y aprende" úsala para que tu cuerpo y tus conexiones neuronales aprendan esa nueva experiencia, que se sientan cómodos al experimentarla y reconozcan su valor.

Recuerdo haber visto un programa de televisión en el que una persona se podía transportar a otro lugar cuando veía el lugar en su imaginación. Así que hoy sé que no es suficiente con visualizar si tu cuerpo no puede replicar la emoción que ese futuro traería para ti pero para desactivar el autosabotaje centra tu atención en el valor de la experiencia de acuerdo con tu sistema de valores y olvídate del precio y del cómo.

Se presenta una excelente oportunidad para reconectar con la naturaleza, con nuestra esencia y crear momentos de conexión con las personas que nos rodean. Estar presente en los momentos de convivencia, disfrutar de lo que nuestros sentidos aprecian en este momento, ofrecer nuestro tiempo para escuchar verdaderamente a nuestras familias. Hacer una pausa de las actividades cotidianas para centrarnos en quienes son importantes.

En primer término, escuchemos qué nos indica nuestro cuerpo ¿cómo lo hemos atendido últimamente? Permitirnos reconocer el cansancio, es válido e indispensable para restablecernos. Posteriormente podemos buscar atender las necesidades de nuestra familia o las personas que nos rodean. ¿Cuál tipo de atención es la que nos han pedido con insistencia? Finalmente, ¿cómo está el espacio que me rodea?

Disfruta el presente y permítete vivir la experiencia desde una atención plena, evita sentarte junto a tu pareja o hijos y ocupar tu mente en los pendientes del trabajo, la escuela, los grupos y otras situaciones. Principio de mentalismo.

¿Cómo podrías construir momentos espectaculares? Hoy más que nunca necesitamos vivir el presente y no esperar a que las circunstancias del futuro nos traigan momentos extraordinarios. Tú puedes ayudar a construir momentos significativos para tus seres queridos, puedes ser el factor de cambio, utiliza tu creatividad, la emoción que transmites con tu tono de voz, la música, los aromas o los sabores para vivir momentos felices son tu decisión.

Cuando diseñes la experiencia trata de utilizar alguna palabra, aroma, sabor o música de forma reiterada, así lograrás que quede fija en la memoria. Si creas una relación entre el ancla elegida y los momentos o experiencias cada vez que quieras revivir la emoción únicamente tienes que utilizar tu ancla. Es decir, por asociación con el aroma, el sabor, la música o la palabra te evocarán el recuerdo y la percepción o emoción que viviste.

Así que ahora es la oportunidad perfecta para crear momentos extraordinariamente felices y anclarlos como un código familiar. Es la oportunidad para utilizar un nuevo aroma o experimentar nuevos platillos o elegir alguna canción para recordar posteriormente. Tú vincularás una respuesta emocional a cierta herramienta, es un proceso de anclaje emocional. Estas técnicas son utilizadas por las empresas para promover sus ventas pues ayudan a programar una respuesta en el cerebro. ¿Qué impide que las uses para sacar el máximo partido de estos días? El límite está en tu creatividad, así que diviértete y experimenta.

Aumenta tu poder interno

Hablemos del Poder interno o personal: Tu energía, ella te permite construir tu personalidad y tu realidad. Cuida a qué le dedicas tu energía, tu tiempo y tu atención. El poder personal requiere de un equilibrio en tu interior una armonía para que puedas ejercerlo al exterior. Para poder usar al máximo tu poder personal necesitas estar consciente de las elecciones que tomas en tu vida y fijar tu intención en elegir aquellas que contribuyen más al bienestar, a tu felicidad y a la satisfacción, tanto tuya como de tu familia, de la comunidad y del entorno.

Cuando tenemos la posibilidad de elegir debemos tener claros los valores o principios que nos guían. La mayoría de nuestras acciones y hábitos provienen del inconsciente, un ejemplo de ello es cuando manejas un vehículo para ir a tu casa, durante el trayecto generalmente tu mente se ocupó de otros temas porque el hábito de escoger la ruta y conducir ya están elegidos y dominados. Por eso es importante tener una guía que nos permita tomar la decisión más apegada a lo que nosotros mismos decidimos previamente que nos conduciría a nuestros objetivos.

Si yo me encuentro con hambre y acudo a la sección de comida rápida será inevitable hacer lo de siempre, o sea, elegir una comida poco saludable. Pero, si yo ya elegí mejorar mi salud y la calidad de los nutrientes en mi cuerpo entonces, en apego a mi compromiso y mis valores, podré trabajar en los medios para elegir una mejor opción que contribuya a lograr mis objetivos. Principio de causa y efecto. Si comienzo a cocinar y descubro que me falta un ingrediente puedo elegir la oportunidad de conectar con la creatividad y experimentar en lugar de quejarme y no lograr mi objetivo.

De igual forma, para reconocer tu poder personal será indispensable que vivas el presente. Aprende a conservar la paz independientemente de las circunstancias que te rodean, debemos dejar el hábito de etiquetar las situaciones o las emociones como buenas o malas, necesitamos incorporar ecuanimidad. La palabra ecuanimidad proviene del latín y significa imparcialidad. Es la práctica de mantener el equilibrio y la estabilidad emocional más allá de tus circunstancias. Aprende a usar las frases "Bueno o malo ya se verá", o "Todo es perfecto para mi bienestar y mi crecimiento". Recuerda que no hay emociones malas o negativas simplemente son señales que te indican algo.

Adopta una actitud mental positiva, atraerás a tu vida aquello a lo que más le pones atención. Si en este momento no te gustan las circunstancias que te rodean intenta completar la frase "Lo bueno de esto es". Si tu trabajo no te agrada puedes buscar lo que sí te agrada de él, puede ser la relación con algunos compañeros de trabajo, la posibilidad de dejar un impacto positivo en tus clientes, la vista de tu oficina, su ubicación, etcétera. Ten una mente abierta para experimentar las circunstancias que se te presentan sin etiquetarlas. Principio de mentalismo. También aprendemos de lo que no nos gusta, en ocasiones necesitamos reconocer con claridad lo que no nos gusta para poder diseñar lo que sí queremos atraer a nuestra vida. Principio de correspondencia. Podemos aprender tanto de un mal liderazgo como de uno bueno. Lo que no me gusta de la otra persona me muestra qué creencia o hábito hay en mí que debo corregir o cambiar. ¿Qué hay en mí que atrajo esto?

Para que puedas aumentar tu poder personal es importante que desarrolles tu autoestima, cultives la resiliencia y cambies la forma en que se desarrolla tu diálogo interior. La felicidad en tu vida no depende de nadie más que de ti, tú estás a cargo de tu felicidad. Carl Jung, afirmó "Yo no soy lo que me sucedió. Yo soy lo que elegí ser". Principio de causa y efecto.

Tú tienes un gran poder en tu interior, tienes todo lo que necesitas en ti y, una vez que te reconozcas y te aprecies, podrás compartirlo. Ahora quiero hablarte de los hábitos que disminuyen tu poder personal y cómo puedes cambiarlos.

1. Deja de centrar tu atención, ver y hablar de aquello que no te gusta, en cambio, centra tu atención en lo que sí te gusta y quieres que haya más en tu vida. En lugar de decirle a tus hijos: acomoda tu ropa, tu closet está muy desorganizado mejor destaca lo que sí están haciendo bien. Por ejemplo, veo que doblaste y guardaste tu ropa muy bien aunque la acomodaste desorganizadamente, intenta poner todo en orden para que puedas encontrar más fácilmente tus cosas.

2. No permitas que tu voz interior sea un abusador y detén el diálogo interno agresivo, deja de juzgarte demasiado alto, de ponerte calificativos denostándote, deja de decirte "Soy una persona tonta". En cambio, procura que tu diálogo interno sea con tu propio coach personal, que te motive y saque lo mejor de ti. Ten compasión y generosidad contigo, háblate como le hablarías a alguien que amas.

3. Aléjate de la búsqueda de la perfección o de querer alcanzar un modelo estereotipado de cómo debes ser, como si tu valor personal dependiera de tu condición social, una profesión, bienes o de la aprobación de alguien más. Aprende a aceptarte de forma auténtica, tú eres una persona única, maravillosa e irrepetible, con grandes dones y cualidades y que formas parte de algo más grande. Celebra tus experiencias, tus logros, tus éxitos, todos han llegado con sabiduría y aprendizaje a tu vida, aprópiate de tu historia.

4. Olvídate de creer que vales por los objetos o títulos que posees, por el trabajo o la labor que realizas, tú eres valiosa por el hecho de existir, no eres tu título ni tu cargo. Las circunstancias que te rodean ahora son el resultado de tus programas y hábitos del pasado pero no te definen. Tú y sólo tú puedes decidir descubrir quién eres y en qué te quieres convertir. Tú le das valor a los objetos que están a tu alrededor y te mereces todo lo bueno. Es común que las mujeres consideren que su valor como mujer está directamente vinculado al trabajo que realizan, incluso, llegan a afirmar que las personas que trabajan como empleadas domésticas no saben hacer bien el aseo y al final lo hacen ellas. De igual forma señalan que los demás miembros de la familia no lo hacen bien y finalmente ellas lo hacen. Que la lavadora no lava bien, que no es necesaria una lavadora de trastes porque es mucho desperdicio de agua, que los robots que barren no hacen un buen trabajo, etcétera. Esta serie de ejemplos pueden revelar un patrón de creencias compartido en este tipo de mujeres que tiene mucho que ver con el autoestima y no tener incorporadas creencias de merecimiento.

5. Deja de temer, negar y ocultar el fracaso. De esta forma no recibirás las lecciones que te trae el Universo, tú no eres tus fracasos ni tus éxitos. Aprende del fracaso, no hay historia de éxito que no tenga muchos fracasos atrás. El fracaso es sólo un experimento fallido que te permite modificar el proceso para alcanzar el resultado deseado. Eres quien experimenta la vida.

6. Omite compararte con otras personas, hacerlo destruye tu felicidad, roba tu paz, sólo puedes compararte contigo, se trata de que cada día intentes ser una mejor versión de ti. Cada uno de nosotros es un ser distinto, único y lo que le funcionó a alguien más no necesariamente me sirve a mí.

7. Deja de tomar decisiones por reaccionar a la emoción sin comprender lo que la emoción quiere decir, abandona el hábito de negarlas, esconderlas o distraerlas, ellas son señales que podemos utilizar para nuestro crecimiento. Aprende a reconocerlas, a escuchar lo que te dicen, no

hay emociones buenas ni malas. Desarrolla tu inteligencia emocional.

8. Rechaza la práctica de alcanzar tus objetivos a toda costa, deshazte de la frase "el fin justifica los medios" porque somos seres integrales y necesitamos el equilibrio en todas las áreas de nuestra vida para crecer. Se trata de cumplir tus objetivos y de disfrutar el proceso, no importa si no los logras, intentarlo ya te convierte en una mejor versión de ti.

9. Abandona el hábito de ponerte en segundo lugar. Si tú no te consideras valiosa otras personas tampoco lo harán y te pedirán que te reúnas a horas inadecuadas para ti o que seas tú quien modifique sus planes, tú eres una persona importante, no te pongas en segundo lugar, como explican en los aviones que en caso de accidente te coloques la mascarilla de oxígeno antes de ayudar a alguien más así cuida de tu tiempo y energía y elige sabiamente a quién se lo brindas.

10. Despójate de creencias obsoletas que generan tus hábitos. A nivel subconsciente tenemos diversas ideas, patrones y hábitos, heredados, aprendidos o derivadas de circunstancias vividas. Hazte consciente de que existen condicionamientos sociales o experimentarás una vida diseñada por alguien más que trata de cumplir las expectativas del "deber ser" o lo que "se espera de mí". Si quieres vivir tu vida, toma el control, descubre ¿quién eres?, ¿qué te gusta?, ¿cuáles son tus valores?, ¿cuál es la mejor versión de ti mismo?, ¿cómo esperas alcanzarla? No hay otra persona como tú. Eres una combinación única y perfecta, te toca a ti diseñar tu vida.

11. No tomar consciencia de la energía de los objetos y del espacio que te rodea. Acumular objetos que no sirven, que no usas o que te traen recuerdos tristes o negativos. Todo es energía y puedes utilizar tus objetos y el espacio en tus habitaciones para aumentar tu poder personal, tu actitud mental positiva y centrarte en lo que sí quieres en tu vida.

Ahora es el mejor momento para tomar control de tu mundo. Eres el resultado de tus creencias, hábitos y acciones. Tu poder interno está estrechamente vinculado a las emociones que experimentas durante el día. Los medios de comunicación nos bombardean con noticias y escenarios catastróficos. Si eso es lo que ocupa tu mente y te causa ansiedad y miedo estás cediendo tu poder.

Ocupa tu mente con pensamientos alentadores y positivos, decide experimentar la confianza en algo más grande. En una inteligencia superior, en Dios, el Universo o como decidas llamar a la Divinidad. Todo tiene un orden, todo se desarrolla conforme a un diseño más grande. Una semilla de árbol de pino en eso crecerá. ¿Qué es lo que deseas que crezca en tu vida?

La confianza con certeza en la Divinidad es la fe que mueve montañas. Es la esperanza que permite alcanzar lo que te propones con entusiasmo el cual se alimenta de la pasión por hacer lo que te agrada y al experimentarlo notarás que te puedes enfocar mejor. Por el contrario, si permites que las malas noticias se queden en tus pensamientos pronto te caerás en una espiral donde experimentarás miedo y ansiedad por un futuro que no ha ocurrido en lugar de vivir el presente y aprovecharlo para construir lo que sí quieres.

No temas al fracaso, cada reto en la vida ofrece la oportunidad de adquirir sabiduría, deja el hábito de colocarte en el papel de víctima y preguntarte el ¿por qué?, la pregunta ¿para qué? te ayudará a descubrir lo que puedes obtener de esta situación. Persiste en tus objetivos.

Elige con cautela aquello que deseas que tus sentidos experimenten. Rodéate de experiencias que te permitan desarrollarte, sé una mejor versión de ti, siéntete saludable y experimenta amor, esperanza y gratitud. El miedo, la ansiedad, la ira, la venganza y otras emociones densas sólo te hacen distraerte de tu poder creador. Si permites que estos pensamientos ocupen la mayor parte de tu vida, tu cuerpo comenzará a gritar de muchas otras formas para que tomes el control.

Diseña con claridad cómo quieres que sea tu vida, qué tipo de experiencias quieres vivir, qué cualidades deseas que posean las personas que te rodearán. Una vez que tengas claro lo que quieres realiza los cambios en tus acciones y hábitos para que puedas igualar la frecuencia de aquello que deseas atraer a tu vida. Cuando no sabes lo que anhelas en la vida tu energía se dispersa. Si tú no te conoces lo suficiente y no conectas con tu interior no podrás tomar las decisiones en aras de tu bienestar. Si no te escuchas a ti vivirás la vida que los medios de comunicación u otras personas diseñan.

Todos tenemos en nuestro interior una voz que nos dice que no podemos, que no somos suficientes o no somos valiosos. La autora Brené Brown ha escrito mucho al respecto. Tú puedes aprender a modular tu diálogo interior, para hablarte con generosidad, te puedes convertir en esa voz guía, en lugar de un abusador, toma la decisión de ser una persona con actitud mental positiva y de vivir con esperanza y entusiasmo.

¿Tienes miedo al éxito?

Anteriormente, me referí al miedo al fracaso como uno de los hábitos que disminuyen tu Poder interno o Poder personal. Ahora me parece que este concepto se debe ampliar para incluir también el miedo al éxito. Por incongruente que parezca, muchas veces las personas sentimos incomodidad cuando experimentamos el éxito. ¿Por qué nos incomoda el éxito?, ¿por qué nos resistimos a recibir elogios?, ¿qué creencias hemos aceptado como válidas sin reflexionar en ellas y nos hacen temer al éxito?

Con frecuencia, desde la infancia, escuchamos que al mencionar a gente con poder y riqueza se hablaba de la manera en que la obtuvieron, ya fuera al romper la ley o al perjudicar a otros. Eso significa que inconscientemente rechazas ser exitoso porque tú "no actúas mal". Te invito a analizar con nuevos ojos esto que tu mente adoptó como un principio. Nuestro cerebro almacena información y la coloca en etiquetas o en "cajones", revisa nuevamente si esa etiqueta es correcta para ti, no todas las historias de personas exitosas tienen un origen así. Las personas merecemos el olvido a nuestro pasado, es decir, merecemos ser valoradas y reconocidas por nuestras acciones y saber que los errores cometidos en el pasado se pueden enmendar. Si nuestro cuerpo cambia constantemente, nosotros también. Hoy tú ya no eres esa persona que fuiste hace 10 años. Principio de correspondencia.

¿Rechazas aumentar tu poder, porque "el poder corrompe"? Tu poder personal proviene de tu interior, del equilibrio entre la mente y el corazón para poner tus dones al servicio de algo más grande, de un bien mayor, de tu familia y de tu comunidad. Al comenzar a ver la vida con este enfoque verás señales, puertas que se abren, oportunidades que llegan a ti. Todo ello por un orden superior, por una inteligencia más grande que considera que tú eres útil para dar a los demás. Totalmente diferente a las historias de personas que consideraron que sus éxitos y logros eran resultado de sus habilidades. Cuando sólo cuentas contigo el ego se encuentra exacerbado y el miedo al fracaso es mucho más grande porque solamente estás tú, ese poder que nace desde el ego busca tener, poseer y utilizar para mí y se olvida de conectarse con los demás y de servir a los demás ese es el que corrompe.

¿Te incomoda recibir elogios? Muchas veces cuando algo sale bien tenemos miedo a que se nos etiquete y que tengamos que cumplir las expectativas. Miedo a no poder cumplir con la perfección y el grado de expectativas que una persona "debe poseer". Te invito a que revises tu relación con el fracaso, no hay vida perfecta, es imposible experimentar sólo éxito en esta vida. El kybalion explica el Principio del Ritmo, todo tiene periodos de avance y retroceso. Tú ya tienes más herramientas y sabiduría, aprópiate de tus victorias y de tu historia y siente la fuerza que posees para salir adelante.

Las circunstancias externas en tu vida pasarán, no podemos aferrarnos a esta versión, tú no eres las circunstancias en tu vida, sin embargo, si ya lograste que el proceso tuviera éxito ese aprendizaje ya es tuyo. Confía en tu crecimiento, invierte en tu desarrollo personal para lograr ser una mejor versión de ti. De esa forma podrás revisar el pasado y recordar cómo has salido adelante de crisis y retos. Aprende a confiar en ti y a ver los retos como una bendición disfrazada.

La mayoría de nuestras acciones son inconscientes como nuestras posturas corporales, los colores que vestimos, la elección de lo que vestimos y lo que nos rodea también influye en las sustancias químicas que genera nuestro cuerpo. Por ello es que antes de entrar a una reunión o a una entrevista de trabajo te recomiendo adoptar la postura corporal de Superman o Supergirl por un tiempo suficiente para que el cuerpo genere las sustancias químicas que produzcan en el cuerpo esa confianza y actitud. De igual forma funcionan los aromas, existe toda una serie de videos en YouTube que ofrecen recomendaciones sobre qué fragancias utilizar para sentirte como una persona millonaria o exitosa. ¿Qué dice tu postura corporal de ti?

Si lo crees lo creas, en inglés hay una frase "Fake it until you make it", tú puedes imaginarte y vivir la experiencia de cómo se siente el cuerpo de la persona en la que te quieres convertir. Tu cerebro no puede distinguir entre lo que pasa en la vida real y lo que es producto de tu visualización y terminará por generar las conexiones cerebrales necesarias para que te conviertas en esa persona. Así que si te incomoda recibir elogios, aprende a aceptarlos, revisa tus creencias de merecimiento y las señales que tus células emiten al Universo en este momento. Visualízate siendo la persona en la que deseas convertirte hasta que te sientas cómoda con esa versión. Cuando recibas elogios agradece a la versión que fuiste en el pasado y a tu esfuerzo, agradece también al presente que te permite experimentar una emoción de vibración alta por el reconocimiento y da gracias al futuro que atraerás a tu vida producto de este presente.

¿Tienes miedo de brillar más que otra persona a tu alrededor?, ¿no quieres opacar a tu pareja?, cada quien posee su camino y sus tiempos. No detengas tu crecimiento por esperar a otros, no puedes controlar el aprendizaje de los otros, no puedes forzar su crecimiento, ni tampoco puedes hacer a otras personas felices, porque la felicidad proviene del interior. Todo lo que buscamos ya está en nosotros, posees dones y cualidades que te hacen ser una persona única, tú contribuyes de una forma única al Universo así que despierta tu Poder interno, deja ver tu Poder personal y permite que tu luz brille para que pueda inspirar a otras personas, que tu luz ilumine, que tus acciones permitan a otros decir: "Si fue posible para esa persona será posible para mí".

Conoce más sobre la Ley de Atracción

Todo lo que nos rodea se rige por el Principio de vibración, atraes lo que eres, por eso primero debes cambiar tú para ser eso que quieres crear o manifestar en tu vida. Es muy importante igualar la vibración de aquello que deseamos atraer y centrarnos en este momento. Ahora que lees estas líneas, tómate un segundo para sentir agradecimiento por tu vida, por lo que te rodea, por quienes te acompañan. El único momento que tienes para atraer el futuro que deseas es el ahora.

Te compartiré algunas otras cosas que debes saber para manifestar como el cuento del elefante que cuando es pequeño le enseñan a que no puede mover la estaca con la que se encuentra encadenado lo que inhibe su movimiento, él es muy pequeño y carece de la fuerza suficiente para levantar la estaca que sostiene su cadena. Después de un tiempo deja de intentarlo y cuando crece, aunque ya posee las circunstancias para liberarse ya olvidó su intención. El elefante normalizó su condicionamiento y su imposibilidad de movimiento es producto de sus creencias, se queda limitado a un área alrededor de su estaca porque así cree que debe ser.

Nosotros poseemos varias creencias que no cuestionamos, las hemos interiorizado a un grado muy profundo, aunque es importante que continuamente revisemos las creencias que ya no nos sirven, cuando deseamos algo nos salimos de nuestra zona habitual para dirigirnos a lo desconocido. Imagina que ese elefante tuviera algo que lo incentivara a seguir intentando porque lo que desea está más allá del área que su cadena le permite alcanzar. Desear algo es importante en la medida en que te expande para aproximarte a tu visión.

En el capítulo ¿Por qué no me funciona la Ley de Atracción? les motivé a explorar el mundo y a seguir la filosofía de "Juega, toca y aprende". Al hacerlo puedes atraer lo que deseas pero tendrás que visualizarlo en tu vida. Si en este momento te concentras en tu platillo favorito tu boca producirá saliva y tu cuerpo se sentirá dispuesto para comer. La visualización es una técnica ampliamente utilizada incluso por atletas de alto rendimiento, este ejercicio debe ser capaz de activar los cinco sentidos por ello vale la pena brindar nuevas experiencias constantemente. Que seas capaz de reproducir en tu mente, olores, sabores, texturas, sonidos y todo lo necesario para que te visualices en el escenario que deseas.

La visualización debe activar la emoción de lo que sería vivir esa experiencia, esta es la parte más compleja, por eso te recomiendo que intentes aproximarte a experiencias simi-lares, esto te permitirá reconocer lo que para ti es valioso de alcanzar en tu objetivo. Cuando descubres lo que valoras es más fácil sentir agradecimiento por el beneficio que traerá a las demás personas. Una vez leí que un joven deseaba mejorar su salud a través de la alimentación entonces revisó sus cir-cunstancias, acudió con una tía a quien le ofreció contratarla para que una vez por semana fuera a su casa a cocinarle. Este arreglo le permitiría alcanzar su objetivo pero, además, le mo-tivaba el hecho de que podía ayudar a su familia. Situación que en el esquema de valores inculcado por su madre era muy importante. La tía en cuestión era hermana de su madre y ella trabajaba de manera informal con horarios que le impedían hacerse cargo de su familia, el joven se encontraba altamente motivado por lograr su objetivo. La emoción al contar su re-lato se podía sentir en sus palabras.

Además de revisar constantemente nuestras creencias también debemos de hacer una limpieza energética frecuentemente. Despojarnos de aquellas emociones que se han quedado atrapadas a lo largo de nuestra vida: ira, enojo, tristeza, angustia y cualquier otra emoción que nos produzca un resentimiento que baje nuestra propia vibración, practica el perdón de manera regular mediante la técnica del Ho'oponopono. Hay muchas técnicas para liberarte y hacer limpieza, puedes constelar, trabajar con el karma o tener una sesión de barras, utiliza lo que a ti mejor te parezca. También deshazte de todos aquellos objetos que ya no agreguen valor a tu vida o que no reflejen tu nuevo ser.

Además de ser hay que hacer para tener lo que deseas. No esperes que una afirmación o una visualización traiga lo que quieres a ti, debes actuar. La acción es lo que le envía la señal clara al Universo de que esto es lo que sí quieres, demuestra tu intención, tu acción es movimiento y atención en la intención o deseo. No obstante, siempre recuerda que tú no posees toda la información, tu mente racional sólo puede pensar en ciertos caminos. El Universo puede darte lo que deseas de muchas formas, permite que te sorprenda, olvídate del cómo te va a llegar lo que deseas y confía en que el Universo te sorprenderá, lo recibirás o tal vez será algo mejor.

REAprender a dar y a recibir

Quiero invitarte a poner conciencia en dar y recibir. Desafortunadamente a medida que crecemos nos impregnamos de ideas que cargamos y que nos hacen detener el flujo de energía.

Si imaginamos que las partículas se pueden mover también como una onda, si reconocemos que todo es energía, entonces imagina la energía como una corriente de agua. Principio de vibración. Te comparto algunas reflexiones para que puedas analizar tu forma de dar y recibir:

a) Date a ti primero. Ahorra un diez por ciento de lo que recibas, resérvalo en otra cuenta. Nombra a esta cuenta, mi filtro de la abundancia. No toques este dinero hasta que se acumule lo suficiente para que te haga percibir el mundo con el filtro de la abundancia. Nadie da lo que no tiene. Debes honrar tu vida, sentirte valioso, para que cuando des recibas más de los otros.

b) Invierte en ti y en tu desarrollo en aquellas experiencias, circunstancias o actividades que te acercarán a la versión del futuro que deseas crear.

c) Aprende a vivir el gozo de dar en especial de forma anónima. No esperes a ser generoso cuando tu situación económica mejore hazlo ahora.

d) Recibe sin juzgar, recuerda que las personas actúan desde su nivel de consciencia y nadie da lo que no se da así mismo. Cuando no comprendas un evento puedes intentar simplemente decir "bueno o malo ya se verá". No tienes forma de saber cómo este evento, objeto o circunstancia contribuirá a tu bienestar, pero elige creer que así será. Cuando se trate de dar intenta descubrir qué es lo que a la otra persona le gustaría recibir. En especial cuando hablamos de relaciones. El autor Gary Chapman en su libro *Los 5 lenguajes del amor* nos muestra que así como hay diferentes inteligencias también hay formas distintas de expresar amor y de sentir amor. Piensa en aquello que a la otra persona le hará sentir bien. Si se trata de tu pareja o hijos ¿qué es lo que más te reclaman?, ¿tiempo?, ¿atenciones?, ¿caricias?, ¿palabras de reconocimiento? No des al otro lo que tú consideras que es importante para ti. El regalo se trata de lo que la otra persona valore.

e) Cuando recibas recuerda que brindas a la otra persona la oportunidad de dar y que ese vacío que genera se debe ocupar. Recibe y envía bendiciones, desea que la abundancia se multiplique en su vida. Cuando des siente la gratitud de que estás en la posición de dar y de contribuir al otro. Da sin esperar nada, sin expectativas del resultado, simplemente el hecho del intercambio de energía ya generó un movimiento en el Universo. Confía en que esa energía con la que das se regresará a ti.

f) Reconoce el valor de tu tiempo, de tu energía, de tu colaboración y de tus capacidades y dones que permitieron contribuir al otro. No detengas la energía de un agradecimiento diciendo "De nada", mejor responde: "Fue un placer", "Qué gusto poderte servir", "Qué bueno que pude ayudar". Siempre agradece a las demás personas, reconoce su valor y el valor de su aportación a tu vida, incluso agradece a los objetos que te rodean, cómo te ayudan, recorre tu casa, toca y recuerda la primera experiencia que viviste al utilizarlos. En mi casa tengo una máquina de café expreso, el otro día la toqué y le di gracias pues recordé ese primer café y las tazas de café que me ha permitido disfrutar, los momentos de convivencia y el gozo que siento al tenerla. Incluso aunque haya pasado mucho tiempo puedes enviar correos, mensajes o llamar a aquellas personas que te inspiraron y darles las gracias. Te aseguro que esto traerá magia a tu vida.

g) Aprende a recibir y a dar cumplidos sinceros. Tú puedes impactar positivamente en la vida de otra persona al elogiar una cualidad, actitud o acción que haya tomado, es una forma de decirle que es valiosa, que contribuye significativamente además de motivarla para hacer más de eso. Ten la apertura de recibir elogios y reconocimientos no para satisfacer tu ego sino para poder saber en donde puedes concentrar tu energía. Es una forma de recibir datos y análisis de las personas que te rodean, para saber qué haces bien que debe cambiar y que puede mejorar.

h) Valora tu aportación y la de los demás. Con facilidad olvidamos que muchas de las tareas de cuidado son valiosas y la mayoría de ellas no reciben un pago, no obstante, nuestra vida es el resultado de la contribución de muchas personas. Valora tu aportación y la de los otros, permite que también las otras personas vivan la experiencia de sentirse valiosos. Dividan las tareas del hogar entre todos los miembros, así cada uno podrá tener una noción del tiempo y la energía que conlleva y valorará su contribución y la de los otros. Una forma de hacerlo en familia es decirles lo que están haciendo bien y la forma en que esa acción impactó en tu vida. Intenta que cada miembro de la familia refiera algo de otro sin repetir a ningún integrante para que todos escuchen algo de sí.

i) Hazte responsable de ti. Contribuye y adquiere el compromiso de tus gastos. Puedes contribuir de muchas otras formas que no son económicas: ofrecer ayuda en otras tareas o labores, utiliza tus habilidades, así fortaleces tu autoestima y tu sentido de independencia. Cuando vayas a una cena y estés con amigos que quizá tengan una mejor posición económica y se ofrezcan a pagar, intenta hacerlo tú, regálate la experiencia de sentirte abundante.

j) Solicita ayuda y se te dará. Cuando requieras un guía o maestro se presentará en tu vida. El compartir conocimiento nos beneficia porque al darle a otra persona nosotros aprendemos, comparte el conocimiento y pide guía y apoyo. El Universo siempre te responderá. Si no sabes recibir ayuda, entonces la ofreces desde el ego y la superioridad, revisa tu forma de dar.

k) Hazlo desde el corazón y no desde el ego. En ocasiones creemos que actuamos bien al ayudar a otras personas, cuando lo hagas revisa cuál es la emoción que te motiva a ayudar o a dar. Esa emoción imagínala como una semilla que dará frutos. ¿Has notado que se detiene tu flujo de dinero?, ¿te encuentras en una posición en la que no estás recibiendo con abundancia? Revisa si brindaste ayuda en lugar de restringirte. Sí, leíste bien sin restringirte.

l) También tenemos que aprender a restringirnos para permitirle al otro crecer. ¿Te parece complicado? Espero que te ayuden a comprender los siguientes puntos:

- Ayudar sin que nos lo pidan, con ese acto pones a la otra persona en una posición inferior, es como si dijeras "Yo sí sé cómo resolver esto o yo sí puedo".

- Interrumpir el aprendizaje. Con tu intervención te conviertes en un obstáculo para el crecimiento y no se puede aprender la lección. Cuando mis hijos eran pequeños conocí algunas madres que sus hijos no sabían poner las manos al caer y en el jardín de niños tenían que gatear. No interrumpas los procesos de aprendizaje de otros, muchas veces, cuando mis hijos aprendían a caminar y veía que tambaleaban debía mostrarme sin miedo y dejar que experimentaran sus caídas, sólo así podrían desarrollar sus reflejos. Tus hijos deben aprender por ellos mismos conforme a su edad y desarrollo. Sus primeros intentos no serán exitosos, pero con la práctica lo lograrán. Tú no vas a estar ahí siempre para solucionar la vida de los otros, puedes ofrecer guías, estrategias o apoyo cuando te toque enseñar o cuando te lo pidan.
- "Te ayudo porque yo no quiero verte sufrir", si actúas desde tus propios miedos porque no quieres experimentar sufrimiento sólo contribuyes a incrementar el problema. Así como tú eres un creador consciente y puedes cambiar tu realidad, la otra persona tiene todo el potencial para ser quien transforme sus circunstancias.
- "Ayudo porque siento lástima o pena". El sentimiento con el que se da no reconoce la esencia divina del otro. Esa energía se multiplicará. Intenta dar, reconoce que puedes tener un impacto positivo en la vida del otro, cambia la emoción con la que das el objeto o el dinero. Hazlo desde tu gratitud y desde la felicidad.

Aprende del fracaso

En la cultura mexicana existía con insistencia la idea de evitar ser un fracasado o fracasada, al temor de ser una persona etiquetada así se suman los sentimientos que generan vergüenza y culpa. Por desgracia, en lugar de enfrentar dichas emociones pareciera que es mejor guardar las apariencias, es tan ilógico como si en algún momento tomaras la decisión de ir por un camino y durante el trayecto descubres que no es el destino que elegiste pero insistes en seguir ahí por miedo a ser etiquetada como una persona fracasada.

Las circunstancias en tu vida no te definen, son sólo circunstancias que tú creaste como consecuencia de tus hábitos y creencias del pasado. Revisa con quién te rodeabas y qué ocupaba tus pensamientos, aléjate del papel de víctima que ya hemos dicho, te quita tu poder y hazte responsable. Cuando partes del hecho de que tus circunstancias actuales fueron resultado de tu versión del pasado puedes cambiar tu futuro, agradece porque hoy ya no eres esa versión de ti, esa ya quedó atrás.

El fracaso es un resultado adverso de algo que esperábamos que saliese bien. Cada reto, fracaso o crisis en nuestra vida trae un regalo para nuestro bienestar que sólo puede ser revelado si mantenemos una actitud mental positiva. Existen innumerables ejemplos de científicos que deseaban probar una idea pero sus experimentos cesaron después de un par de fracasos, posteriormente otra persona tomaba su idea, persistía y lograba resultados con éxito.

Si tienes claro tu propósito y la motivación para lograrlo tu entusiasmo generará esperanza y resiliencia para alcanzarlo. Cuando tenemos un resultado no deseado podemos aprender de los elementos y las circunstancias que lo crearon y experimentar para hacer variaciones hasta que el resultado anhelado se presente. Cada fracaso encierra un potencial para tu bienestar. Las personas no son fracasadas poseen en sí mismas la divinidad y sólo están experimentando en este mundo.

Cuando admires la historia de éxito de una persona investiga su vida y encontrarás la serie de adversidades que le dotaron de las herramientas y la sabiduría necesaria para lograr cumplir su propósito. Considera que los medios de comunicación desafortunadamente sólo muestran una parte de la vida de las personas. Como lo dije al principio del capítulo, nos han enseñado a mantener el fracaso en secreto por vergüenza y eso nos lleva a creer que estamos solos ante las vidas perfectas de los demás. La perfección como tal no existe.

Todas las personas vivimos momentos de avance y retroceso, tenemos luz y sombra, abraza la vulnerabilidad y la valentía de admitir que, al experimentar el fracaso, sientes emociones. Esas emociones, con la convicción de que las adversidades encierran un conocimiento para tu bienestar, serán el impulso que te ayudará a tener esperanza y tu pasión y tu entusiasmo te llevarán al éxito. Este momento también pasará.

Recuerda visualizar el resultado, el futuro que deseas como si ya lo vivieras, conecta tus sentidos y emociones para vivir esa experiencia hoy. Tu cerebro no reconoce entre lo que sucede en el mundo real o lo que visualizaste por ello, el resentimiento y el recuerdo de haber vivido experiencias negativas te intoxica. Mejor entrena a tu cuerpo para que tus sentidos cambien a la versión que deseas en un futuro. ¿Cómo camina una persona que ha logrado tal o cual propósito?, ¿a qué huele el escenario que te rodea?, ¿cómo viste una persona que ha logrado eso?

Te invito a cambiar tu enfoque, si hoy tienes una adversidad considérala un regalo encriptado, sólo debes poseer la clave correcta para descifrar el código. Muchas fortunas se han construido por fracasos, Cristóbal Colón fracasó porque no llegó a la India, sin embargo descubrió algo mucho más grande. El doctor Spencer Silver trataba de encontrar un pegamento de alta capacidad que se usara en los aviones y fracasó, sin embargo, con creatividad transformó la situación y creó los *Post it*.

Tómate un momento para recordar cómo eran tus circunstancias hace unos años, reconoce todo lo que hiciste para llegar aquí, celebra tus logros y tu aprendizaje. La sabiduría adquirida durante este tiempo ya es tuya y ella te ayudará a alcanzar nuevos objetivos.

Vuelve a jugar

Ya pasó mucho tiempo desde aquel primer punto de inflexión en mi vida. El tiempo suficiente para ver al pasado y agradecer por cada uno de esos retos y conflictos. El tiempo suficiente para ver los resultados en mi vida. Por ello, quiero compartir contigo los conceptos, autores, estrategias y todo aquello que me ha sido de utilidad durante este tiempo. Cuando yo era pequeña, jugaba videojuegos. En particular me encantaba Super Mario Bros. Es fascinante cómo aprendes que hay ciertos patrones, esquemas y personajes que se presentan una y otra vez. Aprendes que sólo cuando conoces las reglas del juego y las dominas puedes pasar de nivel. Que después de haber alcanzado el objetivo de un nivel, viene uno nuevo. Que hay formas de adquirir poder que te hacen avanzar removiendo todo aquello que obstaculiza tu camino.

¿Qué te hacía un jugador exitoso? La información de otros. En aquel entonces no había internet, pero buscábamos las revistas que nos indicaban donde se encontraba el objeto de poder y cómo llegar a la meta. Si estás leyendo esto quizá ya aplicaste los principios en tus relaciones familiares, te invito a recordar que la vida la recorremos en espiral y no en círculo. Es momento de que nuevamente puedas ver estos principios pero ahora aplicados a tus negocios, relaciones laborales y emprendimientos. Lo que es más, te invito a que vendas algo simplemente por la retroalimentación que tendrá para tu crecimiento personal. Tu negocio es otra extensión tuya y te ofrece la oportunidad de continuar trabajando en ti.

MENTALISMO. Tu negocio o emprendimiento sólo puede crecer o expandirse cuando tú lo haces. Si alcanzaste ya un objetivo y no has podido desarrollarte más es necesario que desaprendas e introduzcas conscientemente nuevas creencias. Por ello es importantísimo tener responsabilidad de nuestros pensamientos, valores, atención y acciones. Dejar atrás el patrón de víctima en los negocios. Saber que tampoco es necesario obtener los logros y quedar exhaustos con el proceso; que podemos aspirar a fluir. Tu eres el Universo, todo está en ti, lo que das a otros te lo das a ti.

CORRESPONDENCIA. En la manera en que nuestros clientes nos tratan, responden, pagan o contratan podemos tener la oportunidad de ver qué creencias tenemos nosotros mismos. Por ejemplo, si tú no acostumbras a pagar por los servicios de otro profesionista sin regatear, ¿cómo esperas que paguen por los tuyos?, si tu producto va dirigido a clientes con ciertas características. Tú debes ser ese espejo y reflejar las mismas características que buscas en tus clientes. Si aplazas pagar por algo, te cuesta hacer planes o comprometerte; quizá te percates de que no cierras las ventas tan pronto como esperabas. Soy uno con mis clientes.

VIBRACIÓN. Todo es energía y tu objetivo es desarrollar una personalidad magnética para atraer a los clientes que igualen tu vibración. Es hacer más con menos esfuerzo en el plano material. Es reconocer que lo que el cliente busca es una experiencia que le permita sentir esa energía que tú ofreces por medio de tus productos, entrevista, servicio o tienda.

POLARIDAD. Todo es dual, los polos son los mismos. Aprender a reconocer el miedo a saber que es la señal de que estamos saliendo de lo conocido para poder expandirnos. Saber que eso que nos provoca miedo es una mentira; que el fracaso no es real, que también son reales cada una de las posibilidades que se pueden materializar cuando alineamos mente y corazón cuando escuchas a tu intuición o Ser Superior. Para hacer que tu emprendimiento crezca tienes que permitirte recibir más, permitir que paguen por tus servicios adecuadamente, y dar más, dar una sonrisa, información, una experiencia y muchas otras formas de dar más valor a tu cliente.

RITMO. El movimiento es la única constante. Todo momento pasará. Te corresponde a ti en el presente, crear, experimentar y atender lo que es importante para ti. Todas las ideas, riesgos y preocupaciones son energía que sintonizaste y puedes dejar pasar. ¿Ese pensamiento es mío o de alguien más? El momento presente también pasará, el crecimiento no se da de forma continua, hay altibajos, hay retroceso pero, si observas atentamente lo que has incorporado, te darás cuenta de que eres una mucho mejor versión de la que eras hace 5 años.

CAUSA Y EFECTO. ¿Cuál es la parte que te toca hacer hoy a ti para lograr que tu negocio crezca? ¿De qué forma estás incorporando el juego y vivir experiencias distintas? ¿Qué debo cambiar en mí para que mi emprendimiento se expanda? Mientras más te permites experimentar situaciones con características similares a lo que deseas atraer, más podrás reproducir detalles en tu visualización. Si todo está ya y tú confías en la guía de tu Ser Superior, podrías incluso seguir a tu intuición cuando se te presente la ocasión de elegir; que la energía de lo que estoy visualizando se presente en mi vida y yo pueda reconocerla. Incorporar la práctica constante de limpiar nuestra energía para ser la energía de lo que anhelo.

GENERACIÓN. Generar desde la información que proviene de tu Ser Superior que posee toda tu información de esta y otras vidas, que lo sabe todo y pedir que te guíe para reconocer lo mejor para tu más alto bienestar y para el de todos los involucrados. Aquello que das regresará a ti multiplicado. El ser inferior buscará darte todas las razones que provienen de la experiencia y de la información del inconsciente colectivo para que te quedes en tu zona de seguridad y confort. Es sólo conectando con la intuición y tu Ser Superior que lograrás ver las posibilidades que no has visto.

Te invito a que consideres que, así como cuando tu estrategia fallaba en un juego y reiniciabas así en la vida el fracaso es sólo la señal de que debes iniciar nuevamente el experimento con variables distintas. Es seguro que la siguiente vez llegarás más lejos porque ya posees un aprendizaje ¿Qué esperas para ver los milagros en tu vida? Tengo una invitación especial para ti: te ofrezco formar parte del grupo de Facebook *Tribu espíritu amatista*, en el que encontrarás una comunidad de personas como tú, sólo publica en tus redes sociales una foto leyendo el libro o del lugar desde donde lo lees con el #yosoypartedelatribuespirituamatista, etiquétanos en redes sociales para poder enviarte la invitación a este grupo.

Toma el conocimiento, hazlo tuyo, elige qué te sirve y diviértete viviendo tu vida.

Espíritu Amatista, el podcast

Hace ya casi cuatro años que grabamos en la casa de Anastacia el primer episodio del podcast *Espíritu Amatista*, lo iniciamos con el fin de crear un espacio para compartir experiencias y dialogar acerca de hábitos, prácticas y distintas formas de pensar, buscamos que el podcast pudiera ser escuchado por todas aquellas personas que desean mejorar su forma de vivir y de practicar la felicidad desde el reconocimiento de que no existen vidas perfectas y que se puede trabajar para tener una mejor calidad de vida.

Actualmente estamos en la segunda temporada en la que únicamente yo entrevisto a nuestros invitados, pues Anastacia inició un nuevo emprendimiento en el Inuk Center.

En sus inicios esta actividad nos obligó a adquirir nuevas herramientas, destrezas y habilidades sólo por el gusto de regalar. Yo aprendo mucho de cada una de las personas que generosamente me brindan la oportunidad de compartir su sabiduría y experiencias.

Espíritu Amatista, el podcast es un espacio para poner al alcance de quien lo requiera: conocimiento, herramientas, prácticas, contactos con especialistas y artículos para elevar su poder personal.

Como eje de la entrevista hacemos las siguientes preguntas:

1. ¿En qué piensas cuando escuchas *Espíritu Amatista*?
2. ¿Cómo inicias tu día?, ¿tienes algún ritual?
3. ¿Tienes alguna forma o práctica para dar gracias?

4. ¿Tienes algún hábito que realices conscientemente para buscar tu felicidad?

5. ¿En tu vida reconoces creencias, patrones o herencias culturales que hayas tenido que desaprender?, ¿conscientemente introduces en tu vida nuevas creencias?, ¿cuáles?

6. Podrías compartirnos 3 de tus libros o autores favoritos y por qué son significantes en tu vida.

Aquí lo que encontrarás es una guía de los temas de cada una de las entrevistas y que pueden apoyarte para preparar tu proceso de renovación. Agradezco a todas las personas que nos brindaron su tiempo y conocimiento, dejaron una huella en mi vida y espero que los valiosos fragmentos de las entrevistas también te sean de utilidad.

El material ya se encuentra disponible en las plataformas de Spotify, iTunes, Instagram y YouTube y nuestros episodios son:

TEMPOrAdA 1

Programa 2. "La práctica de Mindfulness"
con Coco Zavala

Coco Zavala, quien es consultora Mindfulness transpersonal de la Escuela española de Desarrollo transpersonal y la Universidad europea Miguel de Cervantes, nos dice:

- La gratitud siempre trae aparejada más bendiciones.
- La felicidad es reconocer lo que somos.
- Siempre podemos elegir 2 caminos, el amor o el miedo, a veces nos engañamos a nosotros mismos y permanecemos en la zona de confort por miedo.
- La importancia de practicar ejercicios conscientes, de estar con uno mismo en el instante justo que estamos viviendo y cómo cuando tomamos consciencia de nuestras acciones se beneficia nuestra vida.

- No sobreidentificarnos con el ego, sin que ello signifique acabar con él.
- Estamos en constante transformación. Practicar mindfulness te ayuda a reconocer que no eres nada y a la vez eres todo, que no necesitas nada, pero a la vez requieres de todo.
- Debemos deshacernos de la información que ya no nos sirve para incorporar nueva, ya que estamos en una evolución continua.
- Lo que me molesta del otro lo tengo que trabajar en mí.

Programa 3. "Maestro de energía universal"
con Omar Josué Zavala Flores

- La energía es todo, desde lo más pequeño hasta lo más grande.
- Todo se mueve en energía: las emociones, los pensamientos y las palabras.
- Entre más positiva sea los resultados serán mejores.
- Se trata de mover la energía para el beneficio de las personas.
- Poseemos 7 chakras principales que funcionan como una máquina o un engranaje en armonía.
- Cuando tenemos un problema emocional o físico hay un chakra bloqueado y se manifiesta en algún padecimiento.
- La palabra y los pensamientos tienen una fuerza muy poderosa, lo que tú dices se va a materializar.
- A partir de cambios pequeños logras que la realidad refleje lo que queremos.
- Omar Josué recomienda lo que puede ayudar a subir o a bajar la vibración.
- Todo el poder viene de nosotros mismos, de nuestros pensamientos y palabras.

Programa 4. "¿Qué es la angeloterapia?"
con Ana Carolina Islas

- Todo tiene un espíritu.
- El concepto de energía para cada quien es muy distinto.

- Medita para que sepas qué energía tienes.
- ¿Qué sientes por dentro?, ¿qué pasa con tu energía y contigo?
- Tu energía está en ebullición es cambiante. La mecánica cuántica nos muestra que en realidad no existe nada a menos que tú lo pienses o lo sientas
- ¿Qué es la angeloterapia? Es una forma de ser, un canal para conectar con ángeles u otros guías espirituales para ayudar a la persona desde el corazón y conectar con la energía que somos.
- El angeloterapeuta es un espejo que le ayuda al paciente a comprender mejor la razón por la cual pasa por ciertos procesos.
- Los ángeles son energía pura de Dios y están a nuestro servicio para ayudarnos como humanidad a dar saltos de conciencia.

Programa 5. "La epigenética ha descubierto que heredamos conductas" con Mariana Salgado Bustamante

Doctora en Ciencias Biomédicas Básicas por la Facultad de Medicina de la Universidad Autónoma de San Luis Potosí.

- La importancia de agradecer para hacer conciencia de la felicidad que ya tienes.
- Luchar día con día contra la "no felicidad".
- Las preocupaciones y los pensamientos de algo que no es cierto sólo nos empañan.
- Al estudiar la programación fetal se ha descubierto que podemos heredar conductas marcadas o determinadas y no sólo cuestiones biológicas. Es importante conocer cómo se sintió la madre al gestar y sí sufrió estrés.
- Los sentimientos se transforman en química.
- La epigenética estudia el estímulo que se hereda y que puede revertirse, son moduladores que determinan cuándo se expresa y en qué cantidad.
- La exposición temprana al estrés tiene efectos negativos en el neurodesarrollo, aunque se puede revertir porque las

marcas epigenéticas no modifican los genes, al contrario son como un apagador de luz.

- La serotonina y la dopamina son los transmisores de la felicidad.
- Todo está conectado y determina el desarrollo del feto, el ambiente, la nutrición, las circunstancias de la madre, el clima y las circunstancias del padre.

Programa 6. "La importancia de escuchar tu voz interior y aprender a pensar" con Patricia Mendizabal Acebo

Artista, escultora y pintora. Diplomada en Ingeniería Mental Kabalista. Buscadora incansable.

- Si experimentamos una emoción negativa no es debido a la emoción sino por la resistencia que ponemos al no aceptarla.
- Es difícil ir en contra de creencias que imponen una espiritualidad condicionada.
- La ingeniería mental te enseña a realizar con tu mente todo lo que eres capaz de hacer y se complementa con una visión espiritual y filosófica.
- Aprende a escuchar más a tu voz interior, a reconocer que puedes estar bien si te hablas con honestidad y sin temor a admitir que estás mal.
- Para todo hay una técnica y una solución. Como regla general, lo principal es aprender a pensar.
- Es muy difícil cambiar el pensamiento y dirigirlo hacia lo que quieres que pase.
- Vive con honestidad sigue lo que te hace feliz sin dañar a nadie. No hay malo ni bueno en lo que vas a hacer.
- Kabalah significa recibir. Se recibe conocimiento para llevarlo al lado de la luz. Siempre tenemos la libertad de decidir entre la luz y la oscuridad.
- Todo en esta vida pasa, si atraviesas por un "mal" momento pregúntate ¿para qué es esto?
- Todos somos duales y tenemos luz y sombra, todos somos uno.

- El conocimiento está en ti mientras estés más cerca de Dios o del Universo, vas a saber que, entre más preguntes llegarán las respuestas.

Programa 7. "Los Niños tienen derecho de saber, conocer y comparar la riqueza espiritual que nos rodea" con Pelusa Ávila

Licenciada en educación preescolar. Guía Montessori de casa de niños y de comunidad infantil. Facilitadora de Filosofía para niños. Tiene capacitación para trabajar con niños con autismo y con síndrome de Down. Es además mamá de 3 niñas. Pelú, como prefiere que le llamemos, nos comparte su vida y sabiduría.

- Todo lo que nos llega es porque lo necesitamos. A veces es necesario hacer una pausa.
- En las etapas tempranas de desarrollo la espiritualidad esta más pura. Depende de nosotros, de nuestro crecimiento como seres humanos y del ambiente que les ofrecemos para que esa espiritualidad tan pura no se contamine.
- María Montessori fue de las pedagogas espirituales más grandes. El sistema Montessori es una educación para la paz y guía espiritual. Actualmente se habla fuertemente del humanismo, de la conciencia social y ecológica del otro como prioridad para los niños de México.
- La religión es una forma de conectar. La espiritualidad es estar en contacto con algo sagrado o divino.
- Nos recomienda el libro *Cómo cultivar el espíritu del niño en un ambiente laico* escrito por Aline D. Wolf quien pasa el saber de Montessori a la actualidad.
- Ahora hay mucha información pero también necesitan guía. Hay que ser acertivos para dar las opciones, la libertad y la información porque los niños tienen derecho a saber y conocer; de comparar y ver la riqueza espiritual que nos rodea.
- Pelú nos habla de la cultura de ralentización como una forma de regresar a estar tranquilos y a conectarnos con el

arte y otras actividades que ayudan la introspección.

- Dar herramientas a nuestros hijos para ponerle nombres a las emociones, para ello creó junto a Guille Guerra *La Lotería del Corazón*.

- Nos recomienda libros como *La rueda de la vida* de Elizabeth Küber-Ross; *El niño, el secreto de la infancia* de María Montessori; *El hombre en busca de sentido* de Víctor Frankl y *La bailarina de Auschwitz* de Edith Eger.

- El mundo necesita reflexión, espiritualidad e introspección para poder evolucionar y vivir más en el ser y menos en el deber ser.

Programa 8. "Sueños lúcidos y otras herramientas de empoderamiento" con Daniel Méndez Antillón

Es abogado egresado del Tecnológico de Monterrey con maestría por la Universidad de Oxford, Inglaterra. Realizó estudios de filosofía y teología en el Seminario Arquidiocesano de Chihuahua, un diplomado en inteligencia emocional. Lleva casi 30 años dedicado al estudio y a la investigación sobre la espiritualidad, el desarrollo humano, las civilizaciones antiguas y temas relacionados. También es autor de los libros *El poder del equilibrio*, publicado por la editorial Lectorum y *El viaje del héroe* por Ediciones Wyrd.

- Nos comparte distintas prácticas y métodos que utiliza en su rutina matutina y nocturna.

- Utilizar el tiempo de la rutina diaria no es quitarle el tiempo a otras áreas, se trata de crear una disciplina mental para mantener el equilibrio.

- Dentro de esa estructura de disciplina también se necesita espacio para descansar y poseer un alter ego. Él lo utiliza para escribir en su blog *La oveja descarriada*.

- Su práctica de la felicidad incluye hábitos de realizar afirmaciones y decretos, la programación neurolingüística y la desintoxicación.

- La felicidad no es el objetivo, es el camino para llegar a tus objetivos. Si vives tu vida desde un estado de felicidad todo se compone. Todo lo que pasa en el mundo es un espejo. Todas las tradiciones coinciden en eso, la vida es un espejo.
- Tomarse en serio el camino del crecimiento implica revisar y corregir constantemente el sistema de creencias.
- "Sueños lúcidos" es un taller en el que nos enseña a hacernos conscientes de lo que pasa en nuestra mente cuando soñamos o divagamos. Nos aconseja cómo interpretar, transformar y a usarlos como herramienta de transmutación.
- En su libro *El poder del equilibrio* por medio de doce capítulos aborda diversos temas acerca de cómo encontrar el equilibrio y la forma de integrar los opuestos para acceder a otro estado de consciencia y obtener lo que queremos tener en nuestra vida.
- En sus otros talleres ofrece herramientas para limpiar el subconsciente de programas que generan que tengamos una pésima relación con el dinero y a utilizar las energías internas para expandir nuestros poderes. Los superpoderes, que tenemos los seres humanos pero que no nos enseñaron a usarlos de una forma consciente.

Programa 9. "El crecimiento personal. La pasión que impulsa relaciones sanas a nivel personal y profesional" con Mariana Holanda y Antonio Galván

Mariana es licenciada en Administración de Empresas por el Tecnológico de Monterrey, coach certificada y especialista en desarrollo de planes de capacitación y carrera, liderazgo, manejo del cambio organizacional, desarrollo de equipos de alto desempeño y evaluación del personal. Antonio cuenta con experiencia directiva a nivel internacional, actualmente es miembro del consejo de directores de la Asociación Internacional de Educación Experiencial, con sede en Estados Unidos, y como Trustee de Colegios del Mundo Unido con sede en Costa Rica. Es cofundador y COO de Gálika, un laboratorio donde ideas, experiencias y talentos coinciden para encontrar respuestas que beneficien a la sociedad y a las organizaciones. Nuestros invitados, que además son esposos, padres y consultores en Gálika, nos comparten cómo trabajan para mantener un equilibrio personal y familiar en su relación de pareja y profesional.

- Para conservar una relación debemos de encontrar los puntos en común durante el día. Es buscar la convivencia, comer, cenar, conversar, compartir por mensajes las experiencias, salir de la rutina, romper agendas para buscar espacios.
- Para ambos lo más importante es autorrealizarse, pero también como familia significa tener las mismas prioridades.
- Gálika surge de la pasión que les impulsa a capacitar en inteligencia emocional y a compartir sus experiencias con el personal de organizaciones y empresas.
- No se trata de ser mejor en lo que haces sino de impulsar el desarrollo personal. Que seamos mejores personas. Actualmente la juventud no sólo busca el mejor sueldo también le interesa conectarse con el propósito de la organización.
- Es importante definir el propósito. Hoy parece que ahí está la dificultad porque estamos rodeados de opciones, lo queremos todo y nos saturamos.
- Aprendemos cuando compartimos y enseñamos. Practicar la empatía y conocernos a nosotros antes de querer conocer al otro. Mariana y Toño ahora consideran que pueden incorporar nuevas creencias en su vida como trabajar juntos y vivir en pareja, familia, amigos, socios, etcétera. Toño considera la importancia de colaborar, dialogar y escuchar los diversos puntos de vista con empatía para nutrirse y avanzar.
- Hay momento para todo pero no todo al mismo tiempo, por eso es importante tener claro tu enfoque.
- Toño comparte que el libro de Barbara Kellerman *El fin del liderazgo* (*The End Of Leadership*) le hizo cuestionarse

el propósito y la esencia del liderazgo y en sus talleres propicia la reflexión de que el líder se conozca a sí mismo como esencial.

Programa 10. "Retos en tiempo de cuarentena"
con Anastacia e Itzia

- Abordamos los retos que veíamos de vivir la experiencia por estar en cuarentena debido al COVID-19.
- La importancia de experimentar la emoción, compartir la vulnerabilidad, conectar con la intuición y la creatividad.
- Del auge de la energía femenina para la reinvención, la sanación y la resiliencia.
- Hablamos de que las mejores herramientas en este momento son la unidad, la cooperación, la intuición, la elección de valores y la elección conscientemente.
- Muchos hicimos una pausa que nos obligó a dejar atrás el ritmo de vida, hábitos y creencias para estar con nosotros mismos y con nuestros seres queridos.

Programa 11. "Sanando a la mujer. El sagrado masculino
y femenino" con Isis Escobedo

En esta entrevista Isis Escobedo, sacerdotisa, guía espiritual, maestra de Reiki y activadora de carpas rojas nos habla de temas importantísimos para las mujeres como sanar la relación con el linaje femenino y la madre, la menarquía, la sanación del útero y nuestra relación con el ciclo lunar.

- El sagrado masculino está tomando su poder desde otra perspectiva, cada vez hay más hombres que están conciliando la convivencia entre el sagrado femenino y el sagrado masculino.
- El papel de la mujer para sostener la energía en la actualidad, al reconocernos todas como una sola esencia.
- Nos explica los 4 arquetipos en los ciclos de la mujer: doncella, madre, hechicera y bruja.

- La importancia de que en la actualidad la mujer comprenda su papel para nutrir, contener, abrazar y reconectar con las personas que te rodean.
- La energía masculina y femenina en pareja, cada uno con sus capacidades, habilidades y dones.
- La energía masculina como proveedora y la energía femenina como eje rector de la familia.

Programa 12. "Semiología de la vida cotidiana. Resignificar las creencias y emociones" con Paty Reyes

Paty Reyes es empresaria y consultora en semiología de la vida cotidiana.

- La semiología de la vida cotidiana es un modelo creado por Alfonso Ruiz Soto en donde se estudian los procesos de significación.
- ¿Qué significan las cosas para los seres humanos? Definir es una herramienta para ayudar al desarrollo de la conciencia y elevar la calidad de vida de las personas.
- Nos comparte cómo podemos trabajar para resignificar las creencias adquiridas por la familia o el entorno, observar de dónde viene y cómo identificar su origen para analizar si aún nos sirve o si ya no tiene sentido resignificar.
- Por qué es útil identificar nuestras necesidades y tener una comunicación asertiva, llegar a acuerdos con nuestros familiares y cambiar nuestra rutina para lograr el equilibrio en nuestra vida.
- El modelo de semiología está diseñado para ayudar a elevar el nivel de consciencia, casi siempre es a partir de una crisis.
- Tratar de buscar el cuadro completo para que, al tomar la distancia, resignifiquemos la situación que vivimos y veamos el problema más pequeños.
- Lo primero que tenemos que cuidar para estar bien es el Yo. Yo no puedo controlar lo que sucede afuera, pero puedo controlar lo que sucede en mi entorno. Para que tú puedas ayudar a los demás primero sana tú.

- Para lograr vivir en balance la clave es colocar en el centro el Yo y equilibrar: salud, familia, trabajo o vocación, vida social y todo lo que te produzca placer.

Programa 13. "Sanando a través de los espacios" con Anastacia Macías

- Anastacia nos comparte que el lugar donde vivimos es la energía que absorbemos, es nuestro entorno, estamos influenciados por todo lo que nos rodea. Nuestra casa es un espacio que tiene que ver con todo lo que hacemos en nuestra vida.
- Nos habla de Feng Shui aunque nos invita a filtrarlo para occidente y para la actualidad. Muy rara vez tenemos la posibilidad de escoger la orientación de nuestras casas y mucho menos las habitaciones. Anastacia nos invita a sentir la energía, el Chi.
- Utiliza distintas herramientas para la sanación. Todo con el permiso de sus clientes para conocer su espacio, su dinámica familiar, sus necesidades y gustos. Nos habla un poco de Feng Shui, Batusastra, Geometría Sagrada y cómo todas las filosofías buscan armonizar imitando la naturaleza.
- Nos recomienda que todos los rincones de nuestra casa tengan una utilidad, por qué debemos cuidar de las tuberías en nuestra casa, la importancia de que lo que usamos cotidianamente funcione porque está relacionado con la prosperidad que se nos va de las manos o no recibimos. Si nuestra casa funciona en su totalidad, nuestra vida lo refleja.
- La casa, nuestro espacio, nuestro entorno es una extensión de nuestro cuerpo, cuidarla y mantener su funcionamiento es cuidarnos a todos.
- La geometría sagrada es como el plano de la vida, es la forma en que todo está organizado.

Temporada 2

Programa 1. "¿Qué nos impide elegir ser algo más?"
con Oli Morales

Oli Morales es facilitadora certificada de Barras de Access Consciousness[MR], Facelift y practicante de procesos de cuerpos de Access Consciousness[MR], facilitadora de Stargate Meditation, practicante certificada de Reconexión y sanación reconectiva en Tetahealing, en Biodescodificación, en Kundalini yoga y en Método Thurne.

Desarrolló su propio programa enfocado en la desprogramación mental, la liberación de emociones, el equilibrio energético del cuerpo y la elevación del ser llamado "Create Yourself".

- Nos comparte cómo es que la mente nubla nuestra conciencia y nos impide creer que podemos ser todo, cualquier cosa.
- Oli nos habla de la importancia de preguntarnos ¿Qué nos impide elegir ser algo más?
- Explica en qué consiste la terapia de Barras de Access Consciousness[MR] y cómo contribuye a nuestro desarrollo personal.
- Su frase favorita para iniciar el día: "Todo en la vida llega a mí con facilidad, gozo y gloria".
- Sus autores y libros favoritos son *Conversaciones con Dios* de Neale Donald Walsch y *Siendo tú, cambiando el mundo* de Dain Heer.
- Nos explica cómo funcionan las creencias limitantes y también cómo deshacernos de ellas que son las que sostienen que ese algo no sea posible para ti.
- Sí podemos cambiar y qué herramientas utilizar para hacerlo.
- Nos habla de la importancia de que seas tú quien elija lo que es mejor para ti.

Programa 2. "Escuchando al corazón" con Claudia Paz

Claudia Paz es abogada, posee una formación en temas de género y atiende asuntos de la familia y mujeres en situación de violencia. Es facilitadora transpersonal del círculo para mujeres por la Escuela española de desarrollo transpersonal. Actualmente se forma para certificarse en Psicología Budista.

- Habla de la importancia de integrar la espiritualidad y la profesión, evitar juicios y etiquetas. Integrar la espiritualidad en todas las profesiones.
- También nos advierte sobre las trampas del ego, por ejemplo, como cuando nos queremos convertir en algo que no somos. Aceptemos que a veces podemos equivocarnos y no caer en la trampa del perfeccionismo.
- Sobriedad es estar consciente de que la emoción no te embriague. Claudia tiene contacto con los tambores en el Temazcal, que es una representación del vientre de la Pachamama, en esta ceremonia se hace contacto con la tierra y se utilizan cantos medicinales. Se entra en contacto con el corazón.
- Claudia se reconoce afín a la espontaneidad, el tambor es una herramienta más que nos ayuda a sentir cómo esta nuestro corazón, cuando conectas tu corazón al tambor puedes darte cuenta de las ilusiones.
- El trabajo es personal. La meditación ayuda para conectar con el cuerpo físico y emocional. La mente no es nuestra enemiga.
- La meditación nos ayuda a tener una visión más clara y objetiva sin cargar lo que tú crees que deberían estar haciendo los demás. Si no tienes la oportunidad de asistir a un lugar a meditar sólo pon atención en tu respiración. Se trata de que te des cuenta de que esta herramienta es la que te sirve a ti.
- El mindfulness se utiliza para aumentar la productividad, se vuelve una práctica autómata. Es importante que estas prácticas tengan un contenido espiritual para construir y contribuir.

- Nos habla de los procesos de duelo, de la trascendencia, de la percepción cultural de la muerte. La muerte está presente en cada momento de nuestra vida, danza con ella porque no nada más tenemos la muerte física existen diferentes tipos de muerte, muchos momentos de transformación profunda en donde has dejado de ser tú.

Programa 3. "Los animales piensan, deciden, se divierten y sienten" con Gabriela J Constantino Corzo

Gabriela de Jesús Constantino Corzo es médico veterinaria zootecnista con especialidad en etología clínica por la UNAM y nos comparte que nuestras mascotas pasan por muchas situaciones a las que les cuesta adaptarse.

- Los etólogos clínicos atienden problemas de conducta pero también orientan a las personas para entender conductas que para el humano son un conflicto.
- Las situaciones que atraviesan nuestros animales de compañía pueden producir alteraciones en su comportamiento y conductas que no nos gustan o que no comprendemos de los animales, pueden estar relacionadas con su estado emocional como el miedo o la ansiedad y es importante entender la biología de la especie y su comportamiento.
- Nos relata cómo la pasión que tuvo desde pequeña para trabajar con animales le animó a estudiar medicina veterinaria para ayudarlos y también a sus dueños.
- Nos pide que tomemos en consideración que ellos piensan, deciden, se divierten y sienten, tienen la capacidad de adquirir la energía que los humanos les transmitimos
- Durante la convivencia las personas llegamos a confundir a nuestros animales y es entonces que ellos presentan conductas de inadaptación y surgen interacciones extrañas como eventos agresivos. Si la persona es firme al reforzar las conductas que desea, conociendo la biología del animal, se puede lograr una buena convivencia.

- El hecho de que no se comprenda a un animal que está en casa es injusto, pero además hay un impacto a nivel social y ambiental.
- Cuando tienes un animal en casa no todo va a ser tranquilidad ni paz en sus juegos.
- Es importante atender su salud para que su energía fluya naturalmente
- Gaby nos recomienda darles seguridad y ser constantes en lo que está permitido o no.
- También es importante fomentar secuencias de actividades y que ellos las aprendan eso les ayudará a sentir más estabilidad.

Programa 4. "Una visión desde la Gestalt a El Camino del Guerrero" con Alma Rosa Almaguer, María Eugenia González Gutiérrez y María Elena Silva García

Alma Rosa Almaguer Jaime posee una maestría en terapia Gestalt a adultos e infantil, es Consteladora, cuenta con diplomados en terapia de pareja y danzoterapia entre otros, además de ser docente.

María Eugenia González Gutiérrez además de tener una maestría en psicología Gestalt, cuenta con estudios en constelaciones familiares, terapia de pareja y perdón.

María Elena Silva García, también es maestra es psicoterapia Gestalt, psicóloga posee experiencia en grupos de psicoanálisis desde hace 20 años y cuenta con estudios en musicoterapia, danzoterapia y sanación cuántica de la tradición Maya.

- Las 3 compartieron su visión del significado de espíritu amatista, la esencia, el ser en equilibrio con la capacidad de transmutar lo malo a lo bueno, sacarle partido positivo a todo eso que nos surge en el día a día.
- Las piedras tienen un conocimiento, una recepción de la energía, la oportunidad de llenarte de esta energía y poder transmutar o cambiar, incluso nos ayudan a disminuir o

encapsular las bajas energías que de pronto se recogen. Es genial portar piedras que nos sirvan como energía de protección.

- La Gestalt es un trabajo holístico que considera mente cuerpo y espíritu.
- Nuestros padres nos dan lo que tienen. Es importante reconocer mi historia para tomar a mis padres y ya no estar atascado en la fase de enojo, tomar consciencia de la angustia que me generaron las carencias en mi infancia para dejar de cobrarlas a mi pareja o hijos.
- El cuerpo nos expresa mucho a través de las memorias morfogenéticas reflexionar qué es mío, qué absorbí y dar un vistazo a las enfermedades que puedo manifestar de forma inconsciente.
- Una manera de agradecer es ponerse al servicio, como forma de regresar lo que recibí, agradecer por la vida y la familia. Antes de dar servicio pedir a la vida y a los ancestros que permitan el acompañamiento y escoger las palabras correctas. Orar, encomendarnos a nosotros y a nuestra familia es otra forma de agradecer.
- Desde constelaciones, el hecho de tomar a mi padre implica tomar mi historia, tomar a mis ancestros también es tomar mi éxito. Tomar a mi madre es tomar a mis ancestros desde el lado femenino y es tomar la abundancia y la prosperidad, este ejercicio nos ayuda a reconocerlos y a darles un lugar. A veces inconscientemente creemos que estamos por arriba de nuestros padres. Con el reconocimiento hacia ellos se busca aceptar que siempre seremos pequeños ante ellos y desde ese reconocimiento llegará el éxito y la prosperidad.
- Nos platican de los rituales que utilizan para la protección de forma individual y en su espacio de trabajo usan amatista, inciensos, obsidiana y diversos ejercicios para regresar la energía y lo que no pertenece. Soltar para poder estar al servicio de la siguiente persona.

Programa 5. "Casa Itztochtli, espacio para sanación" con Ale Zúñiga y Silvia Chávez

Ale Zúñiga es instructora de yoga certificada, terapeuta en el método Renovación del Ser y con el método Elements, es máster en Cuencos terapéuticos, certificada por la Escuela Holística Ixshala y creadora de la experiencia Casa Itztochtli.

Silvia Chávez posee diplomados en Herbolaria mágica y salud femenina. certificaciones en terapia con cuarzos y protecciones espirituales, certificaciones en Reiki y ceremonias holísticas y recientemente se inició como Guardiana del Fuego.

- El espacio Casa Itztochtli surgió de la vocación de servicio y del deseo de Ale por compartir y se complementó con la aportación de Silvia. Ambas nos comparten que fue a raíz de una crisis o herida que se despertó ese deseo de buscar y empezar a conocer, coinciden en que la crisis es la semilla del despertar. Es un espacio de experiencia en el que hay diversas actividades como el yoga, retiros, senderismo, meditaciones, círculo de mujeres y otros servicios.
- Nos comparten sus rituales y la manera en que integran la espiritualidad en su día como el agradecimiento y la intención o bendición del agua.
- Invitan a hacer el trabajo con chakras para que las personas puedan dar seguimiento a su trabajo y distintas formas de llevarlo a cabo como la danza y otros movimientos.
- Nos explican la sonoterapia como otra forma de meditación en el que los asistentes pueden experimentar desde un descanso hasta diferentes emociones que se necesitaban desbloquear.
- Hablamos de la importancia del círculo de mujeres y la sanación del linaje femenino como una forma de despojarnos de culpas y del dolor que muchas veces no es nuestro y sin embargo nos impide llevar una vida más feliz y tranquila, por eso la importancia de despojarnos de esas cargas que no son nuestras.

- Silvia nos relata lo que significa ser una Guardiana de Fuego. Limpiezas energéticas de casa, personas, negocios con el sahumerio, ya sea con ruda, salvia, romero, copal, entre otros.
- Ambas nos comparten las herramientas que utilizan para lograr equilibrarse y el gusto de ver el trabajo en las personas que ayudan en su espacio.
- Recomiendan la lectura del libro tibetano De la vida y de la muerte de Sogyal Rinpoche, Los cuatro altares de Alonso del Río y Muchas vidas, muchos maestros de Brian Weiss que les han ayudado a ver la vida más sencilla.

Programa 6. "La espiritualidad en las mascotas" con Iván Murillo

Iván es Terapeuta Holístico con certificaciones y diplomados en Reiki Usui, Reiki Angélico, Tanatólogo, Consultor y Terapeuta Angélico, con formación en Técnicas de Intervención psicoterapéuticas Humanistas, Métodos de Metatron, Masaje Ayurveda, Numerología, Péndulo Radiestesia, Ancestrología entre otros. Él nos comparte cómo inició la exploración del mundo espiritual después de un episodio en su vida.

- Ha explorado el Reiki, la angeloterapia y diversas técnicas holísticas que le han permitido conectar consigo mismo y con todo el lado de luz para sanar y ayudar a sanar a otros.
- El Reiki Usui es una técnica japonesa que se basa en la imposición de manos sobre un receptor, también se puede hacer sobre personas, plantas e inclusive objetos inanimados. Se ayuda a través de la canalización de la energía del Universo a sanar a los individuos.
- La energía prevalece en todo, somos energía y viaja por medio de diversas formas como los dispositivos que también transmiten energía. Inclusive las terapias de sanación pueden ser a distancia, como seres multidimensionales podemos trabajar a través del espacio y el tiempo. Podemos enviar o canalizar la energía sin importar dónde esté la persona.

- Iván nos comparte su práctica del agradecimiento como parte sustancial de su vida. Dar gracias por lo que aún no ha llegado y por lo que ya llegó. Nos comenta que para él es importante mantener una mente abierta y observar sin absorber.
- El curso de Reiki para animales tiene como objetivo trabajar con todos los cuerpos sutiles, ya que seguimos viendo a los animales sin observar su esencia divina, por eso este curso brindar herramientas de sanación física y a nivel espiritual, sobre todo a la parte emocional y mental. Los animales también necesitan terapia. Hay perros con duelos o traumas no sanados por pérdida de dueños o compañeros o por maltrato, dichos eposidios se quedan grabados y se ven reflejados en la personalidad de los animales.
- Iván además ofrece distintos cursos como Radiestesia con Péndulo, Autodefensa Psíquica y el Duelo por la pérdida de una Mascota.
- Las mascotas se han vuelto un elemento muy importante en las familias pues son un elemento que puede representar arquetipos o incluso a alguien excluido en ella. Todo cambia en esta vida, todo se mueve y debemos ser conscientes de que los animales tienen un ciclo de vida que normalmente es mucho menor a nosotros. Hay que hacernos conscientes de esos procesos para sanarlos de forma correcta. No querer compensar para no sentir dolor, en lugar de confrontar las emociones sin ocultar el dolor.
- Hay ciertos animales que cuentan con las misiones divinas que tienen de amarnos incondicionalmente, espejean o reflejan los desequilibrios del dueño. Las mascotas por ello se ponen entre la energía o enfermedad que venga a su dueño en un intento por liberarlo o sanarlo.
- Las mascotas son un claro ejemplo de cómo está nuestro entorno, de cómo estoy yo. Si yo estoy bien, mi mascota está bien. Los perros y los gatos que son los animales más comunes de compañía tienen misiones espirituales fundamentales. La de los perros tiene que ver con la parte del amor, su misión es alimentarse de las energías positivas, se conectan con nosotros a nivel del chacra corazón. Son

también guardianes, radares energéticos; porque pueden ver otros planos dimensionales. Los gatos, son reikistas por naturaleza, se alimentan y transmutan las malas energías. Son guardianes del plano astral, nos cuidan, cuando la energía negativa es muy excesiva engordan porque lo acumulan como grasa, son magos de la limpieza energética o de la transmutación de las energías negativas.

Programa 7. "Escuchar al cuerpo y comprender los procesos mentales" con Jocelyn Zarzosa Garza

Jocelyn Zarzosa Garza es terapeuta y psicóloga, con estudios en biodescodificación, programación neurolingüística, tapping y el método Yuen. En este programa hablamos de la importancia de monitorear a nuestro cuerpo, conocer cómo sacar la energía que absorbimos de otras personas y lugares y aprender a autosanarnos.

- Ella nos comparte las técnicas y las herramientas que ella utiliza y enseña a sus pacientes.
- Nos platicó sobre el método Yuen que trabaja seis niveles: físico, mental, emocional, psicológico, psíquico y espiritual.
- Jocelyn nos comparte que es muy eficaz escribir 10 cosas por la que estás agradecida de forma diaria, tomarnos el tiempo de escribirnos lo resignificamos, cuando comienzas a convertir algo "malo" a algo "bueno" te cambia la perspectiva de cómo ves las cosas, sentarte, respirar y contemplar la naturaleza.
- Ella emplea técnicas de programación neurolingüística, tapping, el código de la emoción que consiste en hacer un rastreo de las emociones atrapadas que una persona puede tener desde que está en el vientre materno hasta el presente y de las emociones secundarias. Esta terapia es para todo tipo de personas desde bebes hasta adultos. Nos recomienda buscar siempre la manera de encontrar el bienestar.
- Todo nos programa, hay que rodearnos de personas que nos aporten, todo suma.

Programa 8. "Amae, el cuidado de cuerpo mente y espiritu"

Amae surgió gracias a la necesidad de Claudia y de Martha de poder tener un lugar para que te consientan. Proviene de una palabra japonesa que tiene un significado profundo de ese deseo que tiene todo ser humano de que te consientan, te den tu espacio y tu lugar.

- Amae se creó para atender en conjunto la parte física, emocional y espiritual del ser humano, para darnos una mirada a nuestras propias necesidades.
- Ambas Martha y Claudia se han esmerado para ofrecer profesionalismo en la atención y los aparatos utilizados con la calidez que las distingue.
- Físicamente cuentan con varios tratamientos, faciales, masajes y masajes terapéuticos como el masaje holístico, el masaje gotas de lluvia en el que se trabaja columna vertebral y pies. Alineación de chakras y auriculoterapia. De igual forma cuentan con depilación laser, faciales tratamientos para reducir de peso y todo aquello que un spa maneja a nivel físico.
- Es importante tanto lo físico como espiritual y lo emocional. En cuanto empiezas a ver mejoría físicamente creces en muchos aspectos.
- En este programa hablamos de que somos seres holísticos e integrales, de la importancia de la autoimagen, de la autoestima y de merecimiento para poder despertar mi poder interno. Del hecho de que con frecuencia olvidamos que si no cuidamos de nosotros mismos nuestro poder interno se ve disminuido y no podemos dar a los demás. Hablamos de las creencias y puntos de vista que nos impiden ponernos en primer lugar, lo que tú tienes es lo que vas a dar y muchas filosofías nos hablan de la importancia de empezar a vernos a nosotros mismos. ¿Qué es lo que hay detrás de mí? Ahí empieza el despertar que tenemos que tener.
- El buen día se verá en uno mismo es muy importante verse con otros ojos, con una mirada compasiva hacia uno mismo para después poder ver al otro de una manera diferente, desde una manera más autentica.

- Hablamos de los retos de las y los adolescentes hoy en día que causan ansiedad, inseguridad y baja autoestima y de la importancia de mostrarles el merecimiento. El apapacho de recibir un tratamiento que les ayude a sentir merecimiento y a aumentar la autoestima.
- También platicamos de cómo no estamos acostumbrados al contacto físico y es esencial el poder sentir el contacto de nuestro cuerpo, los masajes y los faciales son un apapacho.
- Cuentan con terapia Gestalt, parte de la terapia humanística que viene de la psicología y trata de enfocar la terapia en el presente al usar tu cuerpo y trata de llevarte a darte cuenta de lo que estás haciendo, de lo que está pasando en el aquí y en el ahora para poder responder a la pregunta ¿quién soy?
- Iniciarán círculos de encuentro para responder a la necesidad del camino con nosotros mismos, con meditación y con movimiento auténtico. El cuerpo no te engaña y afloran todas las emociones, con el acompañamiento adecuado.
- Hablamos de auriculoterapia, la medicina china que puede ayudar en casos de problemas de reflujo, digestivos, de ansiedad, migrañas y otros más. Una técnica o herramienta milenaria que puede ser de utilidad para la niñez, la adolescencia y para adultos para combatir estrés y el manejo de las emociones.
- Comentamos la importancia de utilizar distintas terapias o herramientas para darle un chequeo periódico a nuestros cuerpo emocional y mental. Cada persona cuenta con circunstancias, pensamientos y creencias distintas y es importante utilizar los beneficios de las técnicas milenarias, si atendemos a nuestra energía y trabajamos en nuestros chakras se abre la posibilidad para ver los beneficios en nuestra claridad mental, la creatividad y la prosperidad. Todo es energía, el ser humano, las plantas, todo. El pensamiento por medio de la energía hace la materia. Hay muchos experimentos que nos hablan de cómo los pensamientos hacen materia. Estas terapias milenarias se enfocan en las partes del cuerpo en donde están los centros

energéticos. Otra herramienta es el Reiki, la energía canalizada a través de las manos del Universo para el mayor beneficio de la persona, el reikista es un canal al servicio del paciente.

- Martha cuenta con maestría en Gestalt y nos comparte su práctica diaria de agradecimiento, sus lecturas favoritas como El hombre es busca de sentido, Un curso de milagros y muchos más. Claudia nos da ejemplos de las diversas formas en que esos momentos de encuentro y de apapacho con uno mismo nos pueden beneficiar.

Programa 9. "Diseño y lo manifiesto, hablando un poco de la ley de atracción"

- Con el deseo de que tú puedas lograr tus objetivos y alcances tus sueños te comparto este episodio respecto a la ley de atracción y al ebook Diseño y lo manifiesto creado especialmente para que puedas identificar lo que verdaderamente deseas.
- Este ebook contiene una guía con preguntas clave para que puedas reconocer las características, cualidades y habilidades de esa versión tuya del futuro que logra el resultado que anhelas. Todos los pasos necesarios para que puedas visualizar tus sueños y enviar claramente tu señal al universo.
- Visita nuestra tienda virtual en www.espirituamatista.com

Programa 10. "¿Qué son las constelaciones familiares?" con Bekka Manila

Bekka Manila y yo conversamos sobre las Constelaciones Familiares como una herramienta que puede ayudarte a transformar tu vida. Este tema se ha popularizado por la reproducción de la serie de Netflix *Mi otra yo*, lo cual ha dado la oportunidad para que esta herramienta maravillosa haya permeado en el mundo y que puede servir para modificar nuestra vida.

- Las constelaciones familiares es una técnica desarrollada por Bert Hellinger para trabajar con el inconsciente familiar. Lo que no se resolvió, lo que se mantuvo en secreto, crea los patrones en las relaciones que se repiten en las familias que esperan ser sanados. En especial lo que se ocultó vuelve a la luz por medio de la descendencia, muchas veces pensamos que elegimos libremente y resulta que estamos replicando patrones por emociones heredadas. La información que ha estado ahí permeando de generación en generación. Pero tú tienes la llave para decir aquí y ahora yo suspendo esto que se ha repetido entre las generaciones. El tema de las constelaciones familiares nos da esa maravillosa oportunidad.

- Hablamos de cómo, por medio del trabajo colaborativo, se eligen representantes y se trabaja con la energía. Al constelar un tema, generalmente nos convertimos en observadores; pero al participar se siente una energía que no se puede dominar. A partir de ese momento, ya con la información y, dependiendo de lo que tengas que resolver, debes generar la disposición para realizar el siguiente paso. No sólo es hacer la constelación y ya, puede ser algo tan sencillo como hacer pequeños rituales para que el inconsciente comprenda el cambio. Constelar es el primer gran paso y posteriormente con esa información ¿Qué me toca hacer?, es posible constelar con respecto a la pareja, enfermedades, malos comportamientos, adicciones, no tener abundancia y sobrepeso por poner algunos ejemplos.

- Hay muchas enfermedades o eventos que están relacionados con los secretos que se callaron, con historias de violencia. Se toma consciencia para cambiar la mirada de la historia; resignificar el evento. No hay casualidades, son historias que desde el alma las convocamos porque tenemos la capacidad de sanarlo. Las constelaciones familiares intentan ser un puente para cambiar la mirada a la historia.

- Conversamos de la práctica del Ho'oponopono y los talleres de constelaciones que Bekka ha organizado a lo largo de más de una década.

- Bekka nos comparte sus autores favoritos: Brian Weiss, Wayne Dyer y Louise Hay, Cony Méndez y Miguel Ruiz.
- De igual forma, compartió los rituales que practica para encontrarle otro sentido a la vida y dejar de vivir en automático. Prácticas como: ser consciente de su cuerpo, la gratitud, caminar en el parque, ho´oponopono, el gibberish, el asumir la responsabilidad de lo que se convoca y revisar la energía propia, reír, caminar descalza sobre el césped, baños de agua helada, así como procesos verbales de Access Consciousness entre otras.
- Conversamos sobre la necesidad de aprender a reconocernos, conocer nuestras emociones, dones y cualidades.

Programa 11. "Herramientas para el autoconocimiento" con Inés Martí

Inés Martí estudió desde muy joven en la India prácticas de yoga y meditación. Posteriormente estudió siete años en Filipinas antes de regresar a México. Ella cuenta con formación en Yoga, la tradición Maya, astrología, entre otras.

- Nos habló sobre su experiencia, de aquellas circunstancias personales que la hicieron buscar un nuevo camino en su juventud. Inés comparte, que en un acto de rebeldía decidió ir a la India en la escuela de Yoga Miri Piri, en la que aprendió disciplina, paz y plenitud. Aprendió a conectarse con ella misma por medio de la meditación y del yoga. Prácticas que continúa hasta hoy, su base es el kundalini Yoga y la meditación.
- Ella es conocedora de las técnicas de la línea Yogui Bhajan, que compartió una enseñanza oculta en la década de los 70´s en E.U.A. El kundalini yoga es para gente que va a tener una vida normal y no una vida monástica y permite que en un tiempo muy corto accedas a estados de consciencia, da fuerza y claridad mental.
- Hablamos de las formas de buscar el autoconocimiento. Inés cuenta con una sabiduría para apoyar a las personas en la búsqueda del autoconocimiento y ella considera que las prácticas posibilitan a transformar la vida pero,

un elemento clave para esta transformación, es la disciplina (hacerlo todos los días). En la India aprendió el Sat Nan Rasayan, muchos años de meditación para acceder a un espacio de silencio, en el cual no hay dualidad que te permite relacionarte con un paciente desde un estado de silencio profundo para ayudar a que las personas se equilibren.

- Nos cuenta de cómo se interesó por las diferentes técnicas para que cada uno pueda llegar al autoconocimiento. En México conoce a la doctora Cristina Torres quien desarrolló un sistema de curación que combina medicina cuántica y otras técnicas y de quien aprende otras técnicas de sanación. La consciencia está en todo el cuerpo; cuando tu cuerpo se enferma, está resolviendo algo por ti. Si tú entiendes el para qué de cada situación, puedes resolverlo todo. El hacer consciencia es tú chamba, realmente todo lo que está en mi vida es un reflejo de mi interior. Nadie tiene culpa de nada, cada uno es responsable de su propia realidad, todo está dentro de ti. Cada persona es capaz y es responsable de su propia realidad y cuando lo diferencias te dejas de enganchar por lo que hacen o no hacen. Cuando algo te afecta o te mueve es tu espejo o son cosas que te pueden ayudar a tomar un mayor grado de consciencia.

- Inés nos relata cómo fue su proceso de romper con todos los esquemas de lo que se esperaba de ella, con las expectativas de cómo debe ser la vida. Todo es perfecto, está bien y cada uno debe ver que tipo de experiencias quiere vivir. La idea del éxito para cada uno tiene que ser distinta. No se puede medir el éxito de una persona con una varita porque estamos en esta vida para experimentar, no para conseguir todas estas cosas.

- También hablamos de la Astrología, cuando el alma eligió nacer escogió los elementos para poder crecer y las herramientas para superar esos retos. Así se crea el blueprint de la carta astral. En la carta natal se puede profundizar en el autoconocimiento, ver la personalidad, los patrones familiares, los ciclos de vida, los talentos y los obstáculos.

Te ayuda para conocerte mejor y comprenderte mejor, nos falta mucho por aprender porque ponemos mucha atención en el exterior.

- Para Inés Espíritu Amatista es un espíritu intuitivo, una flecha que busca sabiduría, conocimiento e intuición. Nos comparte que su autor favorito es Ravindranath Tagore, que es un escritor de la India y primer premio Nobel de Literatura que no era europeo.

Programa 12. "Se la mejor versión de ti mismo(a)" con Rubén Hernández Castrejón

Rubén Hernández Castrejón es licenciado en administración de empresas con maestría en educación familiar y formación en ingeniería en la administración del servicio y desarrollo humano, además de tener la Certificación de la Asociación Internacional de Facilitadores de Pinnaclepursuits y Fundador de CADEME consultoría.

- Conversamos de la importancia de la conexión mente, cuerpo y espíritu, para reencontrarnos y mirar desde otra perspectiva para sanar.
- Rubén nos habla de cómo el libro de las mañanas milagrosas transformó su rutina matutina, adoptando el estilo de vida de levantarse a las 5:00 a.m. para agradecer a Dios, a la Divinidad superior, mientras hace sus rituales, su oración, una meditación y un agradecimiento. Nos relata cómo cambió su área laboral de ventas a capacitación, el origen del proyecto CADEME (capacitar, desarrollar y mejorar). La cual se basa en tres pilares: empresarial, personal y familiar. ¿De qué manera te podemos ayudar a encontrar esas soluciones para que puedas avanzar y ofrecer tu producto o servicio de manera general? En una organización cada uno de los colaboradores va y da un regalo todos los días: su tiempo. Hace un intercambio por dinero, prestaciones y demás y ahí está la magia. Al final, como consumidor, recibes un producto o servicio y todo lo que está atrás.

- Rubén está certificado como constelador familiar. El núcleo es la familia y si papá o mamá no están bien conectados, se refleja en la productividad. Si tu estás bien hacia los demás vas a irradiar de manera diferente y cada vez que mejoras, haces que todos mejoren, es un efecto multiplicador.

- Hablamos de la terapia de Temazcal, ritual de cuatro puertas a través de los cuatro elementos de la naturaleza y del taller de agradecimiento que ofrece con este espacio sagrado, con la finalidad de que quien lo toma vaya encontrando respuestas para continuar con su proceso de sanación.

- Rubén explica que la finalidad de CADEME es que las personas que buscan mejorar sus procesos en una organización, a veces se enfocan en mejorar la parte técnica y CADEME lo hace con la metodología MIT (Me Importas Tú). Pero algunas veces desde el diagnóstico se pueden identificar otras situaciones que tienen que ver con otras áreas que necesita un traje a la medida para que pueda impactar de distinta forma. Comienzas a ver del desarrollo personal ¿qué requieres?, comunicación asertiva, inteligencia emocional, planeación estratégica, liderazgo entre otros temas. Somos seres integrales. Los problemas no se pueden dejar afuera del trabajo. Con la Norma 35 (Factores de riesgo psicosocial en el trabajo) ya se están generando estrategias para tomar en cuenta. Cuando escuchas a las personas y las atiendes y te importa la cuestión familiar, puedes ver cambios. Ya muchas empresas están contratando personal para que atiendan estos temas pues si no se atienden se pueden provocar accidentes. Una persona con problemas familiares que se le exige cumplir con un número o ciertos objetivos es complicado, tiene ya obstáculos que difícilmente los va a poder sortear. En cambio, cuando tú atiendes a la persona, le ayudas generando un efecto positivo y multiplicador.

- Rubén nos habla de la utilidad de la constelación sistémica organizacional: "Lo primero que tienes que identificar organizacionalmente hablando es hacia a ti, ¿Cuál es tu tema? Que se convierte en tu objetivo ¿qué quieres solucionar? Tener más clientes, que no te ve o no te conoce la gente o rotación de personal, entre otros. Una vez que identificas el tema puedes ver una serie de elementos para dar orden. Un ejemplo los socios con historias de vida y objetivos personales que se pueden alinear a un objetivo de la empresa, conforme se va ordenando van a encontrar la respuesta e identificar ¿qué van a hacer? Se trata de generar acciones. Lo que no puedes medir no puedes controlar. Cuando tienes un rol de liderazgo es importante, para ver que le corresponde a cada uno, pero ya encontraste la respuesta en ti ¿qué estas haciendo o dejando de hacer?".

- Entre las creencias que ha tenido que desaprender es que "yo podía solo porque así se lo enseñaron desde niño". Estamos inmersos en una sociedad donde todos necesitamos de todos, hay un equilibrio, das para recibir y recibes para dar.

- Rubén nos recomienda los siguientes libros y nos comparte el impacto que tuvieron en su vida: *La mañana milagrosa* de Hal Elrod, *El caballero de la armadura oxidada* de Robert Fisher, *La rueda de la vida* de Elisabeth Kubler-Ross y *Sin querer queriendo* de Roberto Gómez Bolaños.

- La responsabilidad la tienes tú, todas las personas positivas o no tanto te ayudan a crecer, no sueltes esa responsabilidad y no dejes ese súper poder que tienes en manos de otras personas. Tu presente va formando tu futuro. Si tú lo decides puedes generar un efecto positivo y un cambio multiplicador. Puedes, lograr un proceso de sanación, porque lo atraes y te llegan muchas personas.

Programa 13. "Limitaciones mentales, amor propio y expansión" con Dariela Tavarez

Dariela Tavarez de Fasick es madre, emprendedora, autora del libro 23 Pasos y un SECRETO escondido para el empoderamiento y una de las administradoras de una del grupo de Mujeres Emprendedoras en Marketing. Durante esta entrevista Dariela nos comparte un poco de su historia de vida y desarrollo personal y su experiencia como emprendedora. Dariela, inicia su día con un ritual personal que incluye la meditación, visualización y el agradecimiento y nos habla de su importancia y de cómo ha cambiado su vida.

- Nos compartió que para estar donde está tuvo que desaprender todas sus creencias, cómo se percató de que estamos donde estamos por lo que creemos. También nos habló de la influencia de su esposo, quien pertenece a otra cultura, y de cómo le decía "mira tienes que estar abierta a tener creencias diferentes". De cómo descubrió la importancia de creer en ella y que es suficiente. Nos explicó la importancia de tener el hábito de escucharte, compartir tus ideas y tener un plan de desarrollo. Compartió qué fue lo que cambió para que dejara de ser una emprendedora estancada, llena de miedos, de creencias de un sube y baja de negocios. Entre los libros predilectos de Dariela se encuentra Piense y hágase rico de Napoleón Hill; Desarrolle el líder que está en usted de John C. Maxwell y Sánate a ti mismo de Louise Hay.

- En esta entrevista hablamos de las mujeres que emprenden, de cómo se puede distribuir el tiempo entre ser madre y el negocio. Dariela explica en qué consiste la comunidad de Mujeres Emprendedoras en Marketing, de lo que se comparte en el grupo. Ella ha emprendido dos veces negocios por internet, la primera vez lo hizo porque necesitaba ganar dinero extra, la mayoría de personas y mujeres emprende porque quiere darle una mejor vida a su familia. La segunda vez por eso pero después de un proceso de empoderamiento desarrollando una visión, misión y propósito. Nos comparte cómo fue que se en inspiró en su madre, cómo inició su proyecto por impactar la vida de las personas.

- Dariela recomienda a las mujeres a aprender a escuchar a su intuición. Invita a todas las mujeres que emprendedoras que se sientan estancadas y con miedos que quieran transformarse a ingresar al grupo de Facebook Mujeres Empoderadas en Marketing; que es una gran oportunidad de convertirte en una mujer exitosa, empoderada y feliz; haciendo negocios por internet, desarrollando tu marketing y empoderando tu vida. Este grupo tiene cinco administradoras, con gran número de seguidores en sus cuentas y proporcionan el acompañamiento para que puedas atraer tráfico a tus redes.

TESTIMONIOS DEl CURSO
"CAMBIANDO MI MUNDO"

Ahora te comparto algunos testimonios de personas que han tomado mi curso "Cambiando mi mundo".

"Yo sí he visto cambios. La verdad te vuelves muy consciente, ves cosas que antes pasaban desapercibidas". L.

"Yo ya había leído el libro y es de esos súper catárticos pero que a veces no entiendes todo jajaja... y el taller me ayudó mucho a entender eso". G.

"Todo lo que aprendí lo anoté en un diario especial que tengo de todos mis aprendizajes. En mis altibajos vuelvo a leer la información. Pero sobre todo lucho por practicarla lo más que puedo. (...) Ahora estoy convencida de que agradecer cada cosa, hasta lo más cotidiano y ordinario, es para agradecerse. Aprender a dar gracias a tener gratitud. Yo lo he empleado para dar gracias en todo sentido. Antes no entendía con consciencia algunas cosas que mi mami hacía y yo ahora lo traduzco al hecho de haber pasado una noche, haber dormido a gusto, el haber despertado y saber que tengo que medicar mis ojos lo agradezco, el hecho de poder enviar un mensaje, escuchar los pájaros, el hecho de haber convivido con familia, platicar con ellos, etcétera. Creo que cada cosa que hago, que tengo y pienso la agradezco y me siento muy bendecida. Aprendí a meditar y yo lo aplico en situaciones diversas aún con el ruido de la calle. A veces es muy bonito poder meditar bajo ciertas condiciones y medito hasta en situaciones no muy agradables como cuando hay un conflicto en el lugar de trabajo. Lo que hago es enfocarme en mi cuerpo, repetir frases, dar gracias y concentrarme en sentirme mejor. El proceso para decir tengo toda la capacidad para salir adelante. El concepto de abundancia yo lo empleo para todo. Vivimos en un mundo

tan materialista que agradezco la posición en la que estoy. Agradezco a mis ascendientes. He aprendido que la abundancia está en nuestro cerebro. En las personas que nos rodean, que nos desean el bien, en el trabajo de las capacidades que tengo y en sentir gratitud. A veces lo que tienes, aunque no sea tanto rinde muchísimo". GJ.

"El curso que tomé con ustedes me hizo cambiar la priorización en mi vida. Me di cuenta de que no vale la pena centrar mi vida en el trabajo, el cual es efímero. Vi que mi salud y mi familia es lo que importa, son palabras que sabía pero no habían tenido un impacto en mis emociones y en especial en mi conducta. Cambié mis hábitos al 100%. Mi prioridad es cuidarme primero a mí, incrementar mi ejercicio. Bajé 16 kilos y alcancé logros que nunca imaginé que a mi edad mi cuerpo lograría alcanzarlos. Soy más relajada con las tareas de la casa. Mi prioridad es convivir con mi familia. Esto ha traído que incluso la relación con mi esposo ha mejorado muchísimo también. Después de su curso tomé un curso de meditación pero ustedes fueron ese inicio". P.

"Hice el diario de gratitud y empecé a ver cambios muy notorios. El curso te ayuda a entender mucho mejor, a estar receptivo y tranquilo con lo que te pasa. Entiendes mejor las cosas y por eso las puedes tomar más positivas o como un aprendizaje". A.

*"Gracias infinitas por todo y por tanto Itzia y Anastacia. El curso de las siete leyes fundamentales transformó mi vida a un nivel que no hubiera podido imaginar. No ha sido solo el hecho de la información que ahí recibí, fueron las personas que transmitieron esos conocimientos cargados de energía, una energía que nos decía que eso se podía lograr, que se podía conseguir, **se podía vivir diferente**. Si digo que mi vida se transformó completamente, no es un decir, ni una exageración, mi vida cambió y la forma en la que la puedo ver cada situación que se presenta*

han cambiado, me atrevo a decir que ha evolucionado. Las siete leyes fundamentales y la forma en la que las transmiten en el curso, abrieron mi mente a una forma de pensar diferente, más consciente del para que estoy viviendo cada experiencia, develaron verdades sencillas que permiten darme cuenta de la forma real de la vida y como es que podemos dirigirla hacia donde queremos, la visualización correcta de una vida mejor, guiada por el mejor sentimiento que logra cambiar mi pensamiento y todo actúa a tu favor. Sin la menor duda, puedo recomendar el curso y decir que en mi experiencia, el curso fue el primer paso cuando decides vivir una vida mejor. El curso te invita a seguir conociendo, seguir actuando o practicando lo aprendido, te deja con una sed de hacer más y mejor por tener aquellos cambios necesarios en tu vida, que te permitas tener. A partir del curso, no he dejado de aprender, de crecer y de buscar todas las técnicas, lecturas, disciplinas que permiten mantener un estado de paz mental, de calma para hacer frente situaciones, pero sobre todo para lograr disfrutar de cada momento que nos regala esta hermosa y maravillosa existencia en esta forma de vida. Agradezco a la vida el habernos cruzado en el camino y todo lo que la experiencia ha permitido que vivamos, el cambio en mi vida ha sido y sigue siendo inimaginable y para mejor, cada aspecto de mi vida lo siento afortunado y feliz, me permito disfrutar de la vida, no solo respiro y existo, gracias por todo ". M

Taller Prosperidad

Algunas personas después del curso Las Siete Leyes del Kybalion han tomado el taller de Prosperidad y esto es lo que compartieron:

"Aprendí a ver de otra forma al dinero. A distinguir que una cosa es tener dinero y otra cosa es tener prosperidad. El dinero son monedas, billetes y números, la prosperidad viene de uno mismo. Cómo me siento conmigo misma, cómo me trato y cómo lo transmito a los demás. El curso de las Siete Leyes del Kybalion: mentalismo, ritmo, correspondencia, vibración, generación, etcétera, me ayudó a programar mi cerebro para que se diera lo que yo anhelaba. Me quité tres deudas bancarias en seis meses. Una de ellas bastante grande, arreglé mi auto y lo vendí. Renté mi departamento. Cambié los muebles de mi recámara. Adquirí lentes nuevos y ya no me endeudé". Gl.

"Ha sido un proceso de mucha sanación y crecimiento económico lo que percibo es que llegué a lugares inesperados, no he tenido que hacer frente a gastos que no estaban contemplados porque alguien más los absorbió, sin pedírselo o sin solicitarlo, las ayudas ¡llegan y llegan! Tal vez mis ingresos no han aumentado como yo pensaba, pero los gastos sí han sido mucho menores de lo que antes eran y existe una confianza constante de que ¡nunca faltará!". S.

Si eliges realizar esta práctica con disciplina tu experiencia se incrementará y el cúmulo de resultados o milagros te harán sentir la certeza y confianza en el método. Quiero decirte que cuando visualizamos el escenario que anhelamos o queremos materializar lo hacemos sin apego al resultado. Es decir, si reconocemos que nuestra imaginación es limitada y que el Universo, Dios (padre y madre) puede darnos algo mucho mejor.

También lo hacemos cuando aceptamos que nos toca a nosotros remover las creencias, hábitos y demás barreras que nos impiden igualar la vibración de ese futuro que imaginamos.

Sin apego al resultado no significa que no tengas expectativas en el funcionamiento de la Ley y de las bendiciones que se presentarán en tu día. Cada día elige ver las señales que el Universo, Dios y la Divinidad te envían como muestra de su amor. Pide el apoyo ya sea de tus guías, ángeles, maestros ascendidos o seres de luz para que se cumplan tus objetivos de acuerdo con tu mayor bienestar y el de las personas involucradas. Cada día pide que se abran tus sentidos para que puedas reconocer los mensajes que te envían. Al finalizar el día agradece por sus señales.